# 都バスの不思議と謎

車窓から見える東京いまむかし

風来堂 編
Furaido

JN169926

JIPPI Compact

実業之日本社

# はじめに

「都バス」の歴史は古い。大正時代末期に帝都・東京に誕生して以来、まもなく百年を迎えようとしている。二〇一六（平成二十八）年四月一日現在、百二十九系統、総営業キロ数は七百三十七・七キロ。全路線の乗客数を平均すると、一日で五十八万人以上もの人々が利用している。

もちろん、その歴史は順風満帆だったわけではない。

そもそもの始まりからして、関東大震災直後の焼け野原だった。戦時下では、ある意外なものをガソリンの代替燃料に。戦後の車両不足の時代には、今では見られなくなった時期限定の特別車両が登場。さらに時代は下り、高度経済成長による街の発展や地下鉄の路線増にも対応しながら、現在へと続いてきた。「都バスを知れば、東京の一〇〇年が見えてくる」といっても、あながち間違っていないだろう。

また、最新事情だけをみても、意外な発見がある。「都」バスといいつつ、都内各地どこでも、まったく同一というわけではない。例えば、都バスの料金を聞かれたら、「一律二百十円」と大半の人が答えるだろう。だが、これは実は間違っている。中には無料で乗れてしまうものだってあるのだ。

本書には、そんな都バスにまつわるエピソードを多数、掲載している。発見もあれば納得もある。中にはちょっと笑える、ウソのようなホントの話も。

ちょうど年号が平成に入った頃から、実は都バスの乗車人員数は、年々減少を続けていた。その背景には、都心の地下鉄網の整備があるのは疑いない。だが、二〇一一（平成二十三）年頃からは下げ止まり、微増が続いている。バスだけが持つ魅力が、再評価されつつあるのかも知れない。

バスは街のすみずみまで乗り入れるので、車窓を眺めているだけでも発見がある。途中下車して沿線を歩いたり、始発から終点までのルートの意味に思いを巡らせてみたり。読んで関心がふくらんだものがあったら、ぜひ実際に都バスに乗って、気軽に小さな旅に繰り出してみてほしい。そのおもしろさをより実感できるはずだ。

〈目次〉

## 第三章　新たな東京の姿が見える　都心と湾岸をゆく系統の不思議

## 第四章 都バスの歴史から知る 系統の変遷のヒミツ

## 第五章　目覚ましい進化に驚く　都バスの車両と仕組みの謎

## 第六章　知っていると自慢できる!?　都バスのおもしろトリビア



カバーデザイン・イラスト／杉本欣右
本文レイアウト／国井　潤
本文地図・図版／国井　潤
編集／風来堂（やまだともこ・加藤桐子・今田　壮）
本文／立木将人・白井いち恵・南陀楼綾繁
西村まさゆき・本田直子・保田明恵
情報提供／立木将人

# 第一章
# 都バスおもしろ路線とバス停の不思議

●おもしろ系統

# かかる時間は約40倍!? 最短路線と最長路線はどこ?

東京二十三区を中心に広がる都バスの路線のうち、一番短い系統と長い系統を探してみよう。路線図を広げて見てみると、「短い」や「長い」の定義付けによって、いくつかの路線が候補に挙がる。

始発から終点までの直線距離が短い路線なら、「C・H01」（九四ページ参照）である。新宿駅西口と東京都庁を結ぶ循環路線だ。路線距離は二キロほどしかなく、起点から終点までの運行時間は約十分ほど。距離で比較すると、富士急ハイランドのジェットコースターＦＵＪＩＹＡＭＡ《フジヤマ》といい勝負である。

最短路線の候補はこれだけではない。「学05」系統は起点の目白駅を出発すると、終点の日本女子大までバス停がなく、わずか三分ほどで到着。前述のＦＵＪＩＹＡＭＡは走行時間が三分三十六秒なので、こちらはジェットコースターより短時間で走り終えるバス路線といえる。もちろん距離も短く、起点から終点までわずか一・六キロほどしかない。

実はこの「学05」、目白駅での折り返しに特徴がある。目白駅で乗客を降ろした後、山手線沿いの細い坂道を下っていく。その先には折り返し所があり、設置されたターンテーブルでくるりと回転して方向転換し、戻っていくのだ。ターンテーブルのある折り返し所は、都バスではここだけ。ただし、これでより距離を短縮しているなどというわけではなく、単に目白駅周辺は折り返しに十分な用地がないだけだ。

新宿駅西口と東京都庁を結ぶ短距離路線の「C・H01」系統

　距離の短さでは、新橋駅と築地《つきじ》中央市場を結ぶ「市01」系統（一一一ページ参照）も負けてはいない。新橋駅から築地中央市場までの経路と、築地中央市場から新橋駅までの折り返しの経路が異なるが、片道およそ一・二五キロほど、往復でも二・五キロとなる。運賃が二百十円の系統では、これが最短の路線である。

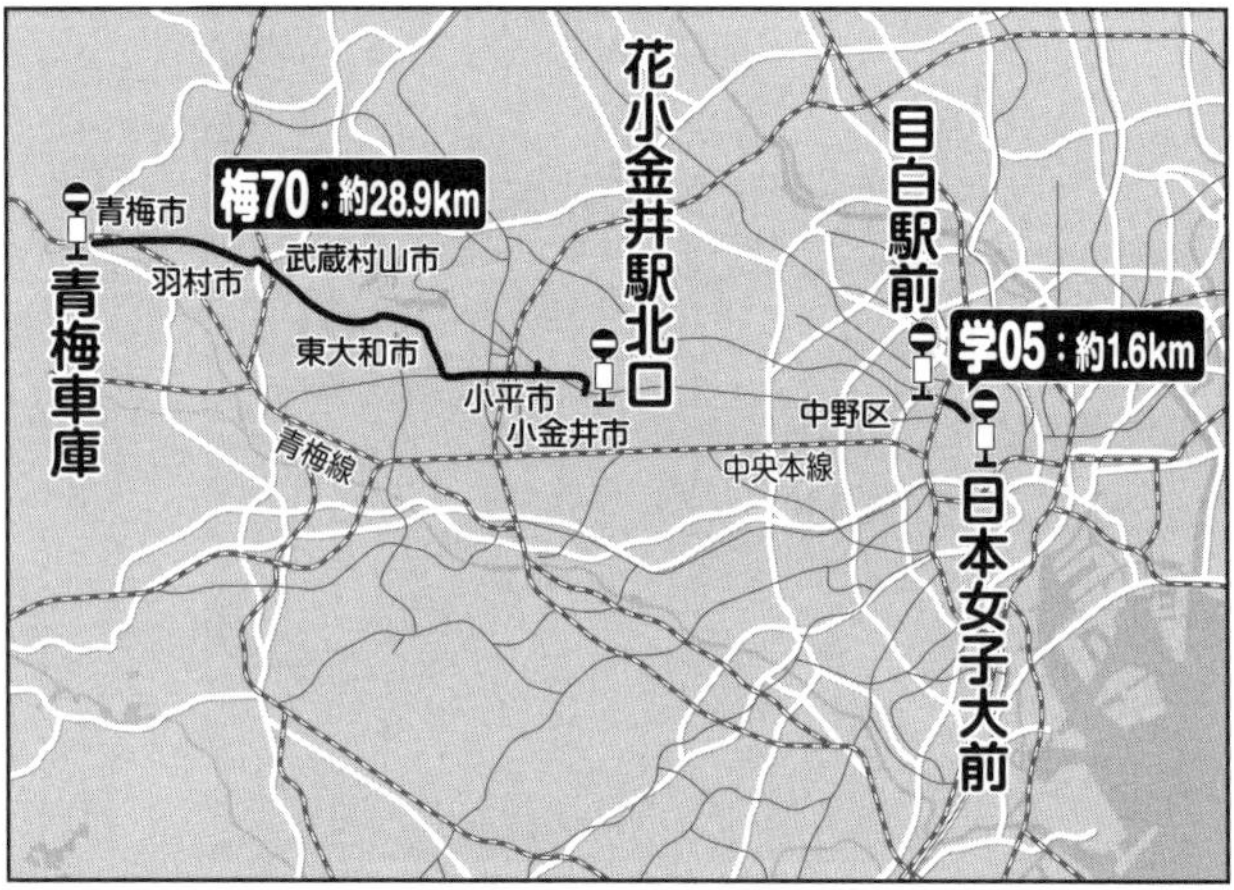


## 五つの市町をまたぐ最長路線

逆に最長の系統は、西武新宿線花小金井《はなこがねい》駅北口から青梅《おうめ》車庫までを結ぶ「梅70」系統（一二三ページ参照）だ。

小平《こだいら》市、東大和《ひがしやまと》市、武蔵村山市、瑞穂《みずほ》町を抜けて、青梅市へ向かう。全長約二十八・九キロ、バス停の数は八十一という長大路線だ（箱根ヶ崎駅経由の場合）。始発から終点までは、およそ二時間もかかる。

二〇一五（平成二十七）年三月に、柳沢《やぎさわ》駅（西武柳沢駅）から小平駅までのルートが廃止され、「梅70」は以前より少し短くなった。それでもなお、都バスだけではなく、都内の一般バス路線の中でも一、二を争う長さを誇っている。

●おもしろ系統

# 都バスの運賃は一律ではない？ 二百十円より安い系統がある理由は？

都バスの運賃体系が、二十三区内と多摩地区で違うことをご存じだろうか。多摩地区は初乗りが百八十円（おとな・以下同）で、乗車区間に応じて金額が上がる対キロ区間制。一方の二十三区内では、どこからどこまで乗っても一律二百十円（深夜バスを除く）。そのため、普段から二十三区内の都バスを利用している人は、多摩地区で都バスに乗った際にとまどってしまうかもしれない。

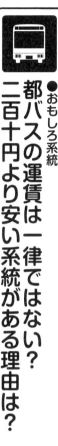

しかし実は二十三区内にも、二百十円以下で利用できる「割安系統」がいくつか存在する。まずは百八十円の「学バス」。学バスとは、学生の通学の便を図るために設けられた、最寄り駅と大学を結ぶ系統のこと。東京大学行き（四一ページ参照）や早稲田大学行き（七三ページ参照）など全部で六系統あり、学生に配慮して運賃が安く設定されている。

学バスが初めて誕生したのは、終戦後の一九四九（昭和二十四）年のこと。当時の運賃は五円で、通常の運賃の半額というお得さだった。その後、赤字となった東京都交通局が経営再建を図る中、「学バスは安すぎる」と廃止が提案されたこともあった。しかし利用者からの反発もあり、通常より割安な運賃設定は守り続けられた。

一九七五（昭和五十）年以降の運賃改定では、一般系統が七十円なのに対し、三十円安い四十円に設定された。以来、現在にいたるまで「三十円割引」を維持している。運賃そのものはその後値上がりしているため、相対的な割引率は下がっているわけだが、四十年間割引を貫いているのはなかなかの学生への配慮といえる。

## ワンコインで乗れるお得な系統もある

次の割安系統は、新宿駅西口と東京都庁間を運行するシャトルバス「C・H01」系統（九四ページ参照）。こちらは通常の都バス運賃より二十円安く、百九十円で乗ることができる。一九九一（平成三）年に、東京都庁舎が現在の新宿西口に移転した当時に設けられた路線で、運賃は一般系統と同じ百六十円で設定されていた。ところが、翌年の運賃改定で一般運賃は一八〇円に値上げとなったが、「C・H01」は料金据え置きとなり、それ以降は一般系統より二十円安い運賃が続いている。

もうひとつの割安系統は、アクセスラインバスの別名もある「AL01」系統。何と通常運賃の半額以下の百円と激安だ。都営地下鉄新宿線東大島《ひがしおおじま》駅と、そこから二・三キロほどの距離にあるマンション街を循環している系統で、運行便数は少なく平日の朝夕の二便のみ。一見、駅と住宅地をつなぐごく普通の路線で、運賃を安くする理由は特別に見当たらない。そのわけをたどると、二十年ほど前にさかのぼる。

一九九〇年代後半から、マイカーや鉄道に押されていたバスの利用者を増やすため、短距離の循環バスや、駅から近い区間の運賃を百円とする、いわゆる「１００円バス」（別名「ワンコインバス」）と呼ばれる試みが全国的に広まった。そのブームを受けて、都バスでも百円で乗れるＡＬ系統（アクセスラインバス）が、二系統導入された。「ＡＬ01」系統は、そのうちのひとつだったのである。

もうひとつのＡＬ系統だった豊洲《とよす》駅を起点とする路線は、二〇〇四（平成十六）年に一般系統に変更されたものの、この系統限定の定期券を特別に売っており、一ヶ月と四日有効で四千円と実質的に百円で乗れるようになっている。一九九七（平成九）年と二〇一四（平成二十六）年の消費税増税を受けて、都バスも全面的な運賃の値上げを行ったが、都バスで唯一現存する「１００円バス」の定義を覆《くつがえ》すことなく、「ＡＬ01」系統は百円を維持しているのである。

●おもしろ系統

## 名前から運行形態が推理できる!? 謎だらけの「出入」系統の正体は？

「波01出入《でいり》」「都05出入」「業10出入」「錦13出入」など、番号の後ろに「出入」と付く系統が存在する。運行便数の少なさや走行距離の短さから、「走っていたの？」と言いたくなる存在感の薄いバス路線があるが、「出入」系統こそその最たるものだ。

謎めいた響きの「出入」という言葉だが、これは「車庫を出入りする」という意味である。そして出入系統とは、その路線の始発や終点のバス停と車庫とを結ぶ系統のこと。例えば「宿75出入」なら、「宿75」の管轄車庫である新宿車庫から、始発バス停である新宿駅西口へ行く系統ということになる。

つまり本来の目的はあくまで、運行を始める前に車庫を出て始発のバス停にスタンバイしたり、運行を終えて車庫に戻るためなのだが、その際にも正式なバス停が設けられ、客が乗降できる通常のバス路線としても機能しているのだ。少々乱暴な言い方をすれば、業務上の移動が目的で、「ついでに」お客さんも乗せているということになる。

出入系統は車庫に向かうため、バス停の位置がわかりづらいことも

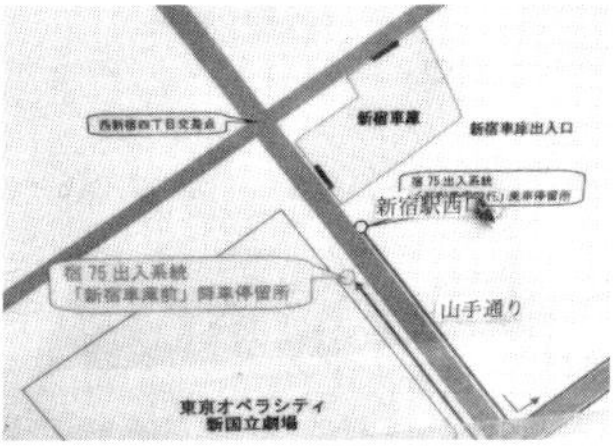

バス正面の行先表示。ここには「出入」とは表示されない

「出入」系統は、案内に出てこないものも含めると、多数の系統が運行している性質上、便数は少なく、早朝や深夜の時間帯に限られるものも多い。

　出入系統の中でも興味深いのが、この運行でしか走らない経路が存在することだ。例えば「渋88出入」系統は、新宿車庫と渋谷駅を結ぶ路線だが、この系統が通る新宿駅南口の甲州街道は、実はどの都バスも走らない経路。もしここを走るバスを見かけたら、かなり貴重な体験をしたといっていいだろう。

●おもしろ系統

# タダ乗りできちゃう路線もアリ!? イベントに活躍する臨時バス

都バスでは数系統の「臨時バス」を運行している。大きな会場で大勢の人が集まる、イベントの開催時などに合わせて運行するバスだ。臨時、と称するがれっきとした独立系統で、番号も正式に割り当てられている。

臨時バスの代表格が、公営ギャンブルの会場へのアクセス用バスだ。江戸川区の江戸川競艇場でボートレースを観戦する人々のために運行する送迎バスは、通称「競艇バス」。系統の頭文字は「艇《てい》」で、競艇場と西葛西《にしかさい》駅、船堀《ふなぼり》駅、平井駅、新小岩駅をそれぞれ結んでいる。これらの駅では、レース開催日の夕方にバスからドッと降りてくる、ご機嫌だったり沈鬱《ちんうつ》な表情を浮かべていたりする人たちの姿が見られるだろう。

競艇バスが運行されるのはボートレースの開催日のみだが、場外発売日も含まれるため、ほぼ毎日走っている。ノンストップではなく途中のバス停にも停車する。ただし、競艇場へ向かうバスは乗車のみ、競艇場から帰るバスは降車のみで、あくまで競艇場の観戦者のための運行となっている。驚くことに、運賃は無料。競艇場の主催者がお金を出しているためで、利用者にしてみればありがたい半面、レースの収益金から捻出されていると思えば、外れの掛け金が思い出されて複雑な気分になるかも知れない。

なお二〇一二（平成二十四）年までは、競艇バス専用のバス停「西小松川町」が存在した。臨時バスしか停まらないため、都バスの公式路線図にも掲載されていないバス停だった。なぜ一般路線でこのバス停が使用されなかったかは、謎のままである。

## ギャンブルだけじゃない？お芝居の後もバスで帰ろう

「競艇バス」以外にも、ギャンブラーに優しい系統がある。大井競馬場から品川駅へと向かう系統だ。こちらも江戸川競艇場と同じく、主催者がバス代を負担しているため、観戦者の運賃が無料。臨時バスが運行されるのはトゥインクルレース（ナイター）の開催日で、二十時五十分以降に「品93急行」として品川駅港南口行き直行バスが走っている。

大井競馬場から出る無料のバス。
トゥインクルレース終了後に乗ることができる

国立劇場の前から運行される劇場バス

ギャンブル会場への足以外にも、「劇場バス」と呼ばれる臨時バスが運行している。国立劇場からの帰りの客を東京駅、新橋駅へ運ぶ、「劇」という系統で、大劇場での歌舞伎を中心とした公演の終了後に一〜三便が走っている。こちらはギャンブラー用の路線とは違い、一般路線と同じく運賃二百十円を払う。系統によっては、現在は定期路線が運行していない経路を走ったり、劇場バスのみ停車するバス停が設けられていたりする。

劇場バスの運行が始まったのは、一九五七(昭和三十二)年。かつては、国立劇場以外にも明治座や新橋演舞場、歌舞伎座など、さまざまな劇場からの路線が運行していた。しかし、地下鉄網の発達により次々と廃止され、現在残る劇場バスは国立劇場のみとなった。

●おもしろ系統

## ポリスに負けない名台詞 年六日だけ現れる「DJ都バス」とは？

臨時バスの中でも「国展《こくてん》」系統は、その運行便数や動員される車両数がずば抜けた存在だ。東京国際展示場、通称「東京ビッグサイト」と東京駅などの駅を結ぶ系統で、廃止されたり経由地が変更されたり新しく制定されたりを経て、現在は東京駅八重洲口発着の系統を中心にイベント開催時に運行している。

東京ビッグサイトはいうまでもなく、さまざまなイベントが行われる日本最大のコンベンション施設。新交通ゆりかもめと東京臨海高速鉄道りんかい線の鉄道路線に加え、都バスも三系統の定期路線を運行しているのだが、イベントの規模によってはこれだけではまかないきれないことがある。そのため、大規模なイベントの日には臨時便が活躍するのだ。

臨時便は原則的に、東京ビッグサイトの最寄りである深川営業所から、イベント開催の時間帯に随時運行される。来場者の数によっては運行便数とバスの台数を増やすため、二十三区内の複数の営業所からバスをかき集めることになる。時には十~四十台ものバスが

ビッグサイトのイベント時、バス停には長蛇の行列ができ、たくさんの臨時バスが走る

入れ代わり立ち代わり、東京ビッグサイトに登場するから圧巻である。

東京ビッグサイトといえば、東京マラソンのゴール地点でもある。そこで、二〇〇七(平成十九)年の第一回東京マラソンの際に設けられたのが、「国展04」系統だ。品川駅港南口が起点で、運行するのは東京マラソンの開催日のみ。一年に一回の運行だったが、二〇一七(平成二十九)年からはマラソンルート変更が予定されており、残念ながらこの経路は見納めとなってしまったようだ。

## 名物運転手がコミケに登場!?

東京ビッグサイトの大規模イベントの代表格といえるのが、世界最大規模の同人誌即売会であるコミックマーケット、通称「コミケ」。年に二回、原則的に三日間にわたり開催され、一回の開催での延べ入場者数はおよそ五十五万人にものぼる。

そのため二〇〇六（平成十八）年には、コミケの日をメインに運行する「国展08」系統が設けられた。また、東京メトロ東西線門前仲町《もんぜんなかちょう》駅を起点とする「国展09」系統は、コミケの日に、同区間を運行する常設の系統にコミケの来場者が殺到して、一般の利用客が乗り切れない事態を防ぐために二〇一四（平成二十六）年に設けられた。

このように、コミケ対応に盤石《ばんじゃく》の布陣で臨む「国展」系統だが、その大混雑から生まれたのが、DJポリスならぬ「DJ都バス」だ。DJポリスとは、サッカー日本代表がワールドカップ出場を決めた際、渋谷の交差点で狂喜乱舞するサポーターに対し、ユーモアたっぷりのアナウンスでマナー遵守を呼び掛けた警察官のこと。

DJ都バスも同様に、コミケの参加者を乗せた臨時バスの車中で、乗客を楽しませつつマナーを守ってもらうアナウンスを行っている。話し手は何と、バスの運転手自ら。「あと同人誌三冊ぶん詰めてください」「東京ビッグサイト発、現実行き」など、コミケ参加者の気持ちを深く理解し、笑いにくるんだ粋なアナウンスぶりに、乗客からは爆笑や拍手が巻き起こるという。運転手が自主的に行っているため、出合えたらラッキーだ。

●おもしろ系統

# 「虹」のように消えてしまった たった一年五ヶ月の短命系統とは?

必要に迫られて設けられたものの、廃止となってしまった都バスの系統には、さまざまな理由がその背景に見られる。中には諸般の事情から、一年五ヶ月という短命に終わってしまった系統がある。

一九九三（平成五）年八月、東京の新たな交通の大動脈であり、新名所としても注目を集めるスポットが誕生した。港区の芝浦埠頭《しばうらふとう》とお台場《だいば》を結ぶ、東京湾に架かる連絡橋「レインボーブリッジ」である。そこで都バスは開通と同時に、駅とレインボーブリッジを結ぶ「虹01」と「虹02」という、二つの「虹」系統路線の運行を開始した。

「虹01」系統は田町駅東口を、「虹02」系統は東京駅南口を起点として、レインボーブリッジの芝浦埠頭側のたもとまでを結ぶ路線。ともにノンストップの直行便で、路線バスというよりまるで観光バスの趣だった。

運行は土・日曜のみだったことからも、週末にレインボーブリッジに繰り出す観光客を対象としていたのは明らか。「虹」系統の方向幕には、虹のイラストが鮮やかに描かれていたり、ライトアップしたレインボーブリッジが印刷された記念乗車券が販売されたりしたことなどからも、そうした利用者に対する期待の大きさがうかがえた。

華々しく登場した「虹」系統だったが、ふたを開けてみると明暗が分かれてしまった。ブームがすぎ去った後、「虹01」系統は、レインボーブリッジを渡り浜松町駅～東京ビッグサイトと経路を延長。周囲のオフィスの通勤客も拾うようになったのに対し、「虹02」系統は振るわず、期待したほど乗客数が増えなかった。そして一九九五(平成七)年一月、「虹02」系統の廃止が決定。運行期間はわずか一年五ヶ月という、都バスの路線の中でもトップクラスの短さだった。

## 別ルートで生まれ変わった二代目「虹02」

こうして姿を消した「虹02」系統だが、五年後に思わぬ形で復活することになる。お台場への重要なアクセス手段である東京臨海高速鉄道りんかい線は、東側の新木場《しんきば》駅と東京テレポート駅間が先行開通していたものの、西側の大井町方面への延伸工事が遅れていた。そこで全線開通するまで、品川区～お台場の交通機関を補う目的で二〇〇〇(平成十二)

年四月に登場したのが、新たな「虹02」系統だったのである。つまり、まったく違う経路なのに、過去の「虹02」の系統番号が再利用されてしまったのだ。

新生「虹02」系統の経路は、品川駅東口と東京テレポート駅を結び、かつてはたもと止まりだったレインボーブリッジを渡るというものだった。平日も運行され、以前の観光色の強い特殊な系統から脱却する姿勢がうかがえた。また、当初は品川駅東口と、お台場側の最初のバス停「お台場海浜公園駅前」の間はノンストップだったが、同区間を走っていた「田99」系統が朝夕のみの運行だったため、住民に不便をきたしていた。そのため運行開始の一年後には、すべてのバス停に停まるようになり、住民の生活の足としての充実も図られていった。

こうして地域に定着し、お台場へのアクセスとしても地道に支持された「虹02」系統だったが、二〇〇二（平成一四）年十二月にりんかい線が全通すると、その役目を終えてあっさり廃止となった。期間限定の運行は当初の予定通りだったとはいえ、復活後も二年八ヶ月と短命だった。「虹01」も二〇一三（平成二十五）年に廃止され、現在は、ケイエム観光バスというバス会社が運行する「お台場レインボーバス」が、品川駅や田町駅を発車してお台場へ向かうという、かつての両系統に近いルートを運行している。

●おもしろバス停

# 下車してもそんな住所はない？ バス停にのみ残る地名の謎

バス停名は、地域の歴史を映す鏡でもある。地名が変わったり、施設がなくなったりすれば、バス停名は変更される。一九六〇～一九七〇年代を中心に、東京では住居表示による町名整理で多くのバス停名が変わったが、中にはさまざまな理由から、昔の名前のまま残っているものもある。

## 「通り三丁目」

東京駅八重洲口の目と鼻の先に位置する。日本橋から京橋にかけての中央通り沿いの一帯が、かつて「通」という町名だったのが由来だ。明治時代、路面電車が開業したときから存在した、歴史と由緒ある停留所名である。戦後は日本橋区と京橋区が合併して中央区になったため、付近の住所は「日本橋通三丁目」と長くなったが、停留所名はそのままにされた。

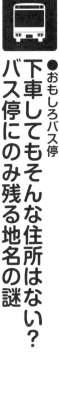

東京駅付近で見られる「通り三丁目」バス停

都電の停留所名は都バスのバス停へと継承され、一九七三（昭和四十八）年一月に現在の住所表示に変わっても、名称は変わらず現在に至る。ちなみに、ここを経由する「東16折返」系統（東京駅八重洲口～住友ツインビル）は、車外の経由地の表示に「通り（三）」と、このバス停名がしっかりと入っている。

**「浅草寿町」**

浅草地区へ向かう系統の主要な行先であるこの地名も、実は旧町名で、現在は存在しない。明治初期に複数の町が合併した際に、縁起のいい名を付けたのが寿町《ことぶきちょう》の由来とされる。一九六四（昭和三十九）年の住居表示実施の際に地名は「寿」となり、「寿町」の名前は消えた。同様に、すぐ近くにある東京メトロ銀座線の駅も、とうの昔に消えた「田原町《たわらまち》」の名を引き続き用いている。

## 「銀座西六丁目」

「業10」系統（新橋駅〜とうきょうスカイツリー駅）が新橋駅を出て外堀通り沿いに進み、次のバス停が「銀座西六丁目」。一九六八（昭和四十三）年に外堀通りを中心とした銀座西、中央通りを中心とした銀座、昭和通りを中心とした銀座東が合併したため、「銀座西」という住所は現存しない。ちなみに、夜二十時以降は道路事情で中央通りの「銀座六丁目」に停まるため、十九時台でこのバス停は店じまいとなってしまう。

## 「角筈二丁目」

新宿駅西口の次、甲州街道上に位置し、新宿車庫方面へ向かう系統でわずかな便数が停まる。角筈《つのはず》は、かつて歌舞伎町《かぶきちょう》から新宿駅・西新宿一帯の広い範囲を指していた地名で、一九七〇（昭和四十五）年に「西新宿」という町名になったが、バス停名はそのままで残っている。一時期、近くにある都営地下鉄新宿

都バスだけでなく他社のバス停にも「角筈二丁目」としっかり記載されている

線の改札口が「つのはず口」を名乗っていたが、現在は「京王新線口」となっている。

都バスは経路の都合上、バス停が甲州街道の下り線にしかなく、住所は新宿区ではなく渋谷区代々木二丁目となっている。

## 「上富士前」「駒込富士前」

文京区の本郷通りに位置するバス停で、「茶51」系統（秋葉原《あきはばら》駅〜駒込駅）が経由する。いずれも末尾に「前」と付いているが、最寄りを示す「前」というわけではない。

一九六六（昭和四十一）年までは、それぞれ「上富士前町《かみふじまえちょう》」「駒込富士前町《こまごめふじまえちょう》」という町名とバス停名だった。後の町名整理により、いずれの町も「本駒込《ほんこまごめ》」という住所表示になった際、バス停名は末尾の「町」の文字を削除しただけの変更に留めた。都バスのルールで、バス停名を表記したり案内放送するときには、「〜前」は省略してよい決まりなのだが、この二つのバス停名は経緯に基づき、省略せず表記・呼称されている。

江戸時代の富士信仰の拠点だった駒込富士が近くにあるバス停

●おもしろ系統

# 二十三区の中にひとつだけ都バスが走っていない区がある!?

東京都区内に住む人の足となっている都バスだが、実は二十三区のうちひとつだけ、都バスが走っていない区がある。目黒区である。ここだけが空白地帯となった理由は、都バスの運行エリアの変遷をひも解いていくと見えてくる。

一九四二（昭和十七）年に、陸上交通調整法に基づいて東京市の八社十事業が統合された際（一三〇ページ参照）、統合しなかった民営の各バス会社と相談し、改めて各社の運行エリアを区分けすることになった。

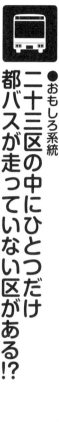

それにより、市バス（現・都バス）の管轄範囲はおおむね山手線の西側と荒川に囲まれた範囲となった。これが現在の都バスの主要な運行エリアとなっている。新宿区より西側は市バスの管轄外になりそうだが、統合したバス会社の中には、杉並区や練馬区から都心方面へと運行する路線も含まれていたため、当初から新宿以西でも市バスが走っていた。

戦後になると、公共交通の需要が拡大したのを受け、民営バス会社との共同運行路線を多数走らせるようになった。結果的に、都バスはいつしか二十三区すべてで運行するようになった。

様子が変わるのは一九七〇年代頃だ。一九七二（昭和四十七）年に都バスの利用客数はピークを迎えたが、道路渋滞の慢性化による交通事情の悪化なども影響して次第に減少。加えて地下鉄の路線網が広がっていったこともあり、都バスの多くの系統が廃止されていった。都バスの主要な運行エリアに含まれる目黒区も例外ではなく、徐々に路線が減っていくことになる。

そして二〇一三（平成二十五）年、東急バスと共同運行し、目黒区が一部経路となっていた「東98」系統（東京駅南口～世田谷区等々力《とどろき》）から都バスが撤退。さらに同年、やはり目黒区が一部ルートだった「宿91」系統の京王井の頭線新代田《しんだいた》駅～駒沢陸橋の区間がカットされたことで、目黒区に乗り入れる路線は消滅してしまった。

なお、板橋区、世田谷区、大田区の三区は、都バスが一系統しか走っていない。その中で大田区の「品98」系統は、品川駅から卸売市場である大田市場に行く路線のため、一般の人は見学に行くときぐらいしか乗ることはない。そのため大田区民にとっても、都バスはなじみの薄い存在かも知れない。

●おもしろ系統

# 乗りたくてもなかなか乗れない早朝のみ運行のレア系統とは？

朝五時過ぎのＪＲ赤羽《あかばね》駅東口にやって来たのは、「回送」の表示を掲げた都バス。まだ始発には一時間近くある。さらに都バスながら、普段は停まらない国際興業バスの乗り場につけて、乗り込んだ人とともに走り去っていった。実はこれ、乗務員用の送迎バス。都バスの路線の中でも、最も知られざる「系統」といえる。

このバスは、早朝のアクセス手段が少ない北・江戸川・深川の各営業所で運転され、江戸川営業所では東京メトロ東西線葛西駅・ＪＲ新小岩駅から、深川営業所ではＪＲ亀戸《かめいど》駅・東京メトロ東西線東陽町《とうようちょう》駅始発の便を出している。深川営業所は亀戸から錦糸町《きんしちょう》・住吉・門前仲町《もんぜんなかちょう》・豊洲経由と、西大島《にしおおじま》・東陽町・豊洲経由の二系統があり、各地下鉄からの乗り継ぎもできる。営業所によっては自動車通勤が認められているが、都市部のため職員の駐車スペースが手狭などの事情もあり、鉄道駅からのアクセスを確保しているというわけだ。その他の営業所は鉄道駅に近いところがほとんどで、現在こういった便は設定されて

北営業所への送迎。JR赤羽駅では普段停まらない国際興業のバス停に停まるのがおもしろい

いない。

　では、この送迎バスの運転手はどうやって通勤してくるのか、という疑問が浮かんでくる。答えは簡単。深夜バスなど前日の二十三時台に入庫する便の「泊まり勤務」の職員が担当する。車庫で寝泊まりして、早朝の送迎便に乗務した後はそのまま、一般系統での早朝便の乗務となる。北営業所なら「王57」系統（赤羽駅東口〜豊島五丁目団地）、深川営業所であれば「門19」系統（門前仲町〜深川車庫）で、朝のラッシュ時まで担当してから乗務終了となる。

　こうした系統は、ほかに送迎兼物品輸送として、江戸川営業所〜東小松川分駐所で日中に何便か運行されている。車庫が二ヶ所に分散しているがゆえの、知られざる系統である。

# 第二章

# 庶民の街を縦横無尽!?
# 下町をゆく都バス系統の不思議

## 草39

●上野松坂屋前～金町駅前

# 浅草、向島、亀有、金町…ディープな下町を走る路線に迫る

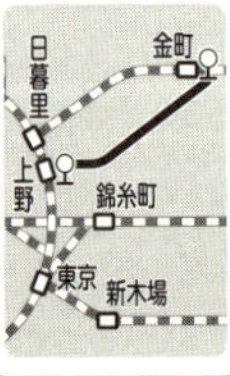


「草39」系統は、上野松坂屋前～金町《かなまち》駅前を運行する。終点の「金町駅前」バス停は東京の東端で、この先、江戸川を越えると千葉県松戸市になる。上野・浅草の繁華街と、古い郊外の金町との対比が味わえるコースだといえよう。

始発の「上野松坂屋前」バス停で時刻表を見ると、平日の十一時三十分から十四時四十一分の間に、計九本しか載っていない。しかも、土・日曜、祝日は運行しないとある。一方、途中の「浅草寿町《ことぶきちょう》」バス停発の便は全日、それなりの便数がある。どういうことかといえば、一九九六（平成八）年に、浅草寿町から上野松坂屋前まで経路が延長された際、このような便数配分に決まったのだという。

「上野松坂屋前」バス停を出発すると、上野広小路《ひろこうじ》を進み、「上野公園山下」バス停に停車。京成上野駅に面しており、上野公園への階段も見える。西郷隆盛の銅像もすぐそこだ。隆盛の像は詩人・高村光太郎《たかむらこうたろう》の父である高村光雲《たかむらこううん》が、足元に従う犬は後藤貞行《ごとうさだゆき》が制作した。

## 江戸の文学ゆかりの地に東京大空襲由縁の商店街

上野駅、下谷《したや》神社を通り、「浅草寿町」バス停へ。ここの交差点には、四方に各方面に向かうバス停がある。バスは雷門を通って、吾妻橋《あづまばし》へ。ここから水戸街道を突き進むが、「言問橋《ことといばし》」バス停で降りてみるのもいい。このあたりは向島《むこうじま》といい、隅田川に面した風景を愛した江戸・明治の文人が多く住んでいた。あたりを歩くと、その気分を味わうことができる。

　まずは、隅田公園の中にある牛嶋《うしじま》神社。旧称を「牛御前社《うしのごぜんしゃ》」といい、縁起も牛に関わる。境内には「撫牛《なでうし》」があり、自分の具合の悪いところと同じ部分を撫でると、病気が良くなると信仰されている。この牛嶋神社や、その先にある三囲《みめぐり》神社には、境内にさまざまな石碑が立っている。料理道具を祀った「包丁塚」が両方にあるのがおもしろい。

作家の佐多稲子《さたいねこ》旧居跡は、すみだ郷土文化資料館になっていて、この地域に関するさまざまな展示が行われている。

「言問橋」の二つ先の「向島五丁目」バス停で降りれば、近くに「鳩の街通り商店街」がのびる。永井荷風《ながいかふう》『濹東綺譚《ぼくとうきだん》』で知られる色街・玉の井が空襲で焼失し、戦後にこの地に移ったという。

浅草・向島エリアからは渋滞が多い。また、郊外まで乗り通す人も多数おり、座れないこともしばしば。四ツ木橋を渡ると葛飾区に入り、この系統を管理する青戸車庫を過ぎる。中川を渡ると、読み方に注意が必要な「新宿《にいじゅく》」エリア。最後は京成金町線と併走して、終点の「金町駅前」バス停に到着する。金町の駅前は居酒屋が多く、「ゑびす」など人気の店もあり、夕方にはちょっと一杯、という客で賑わっている。

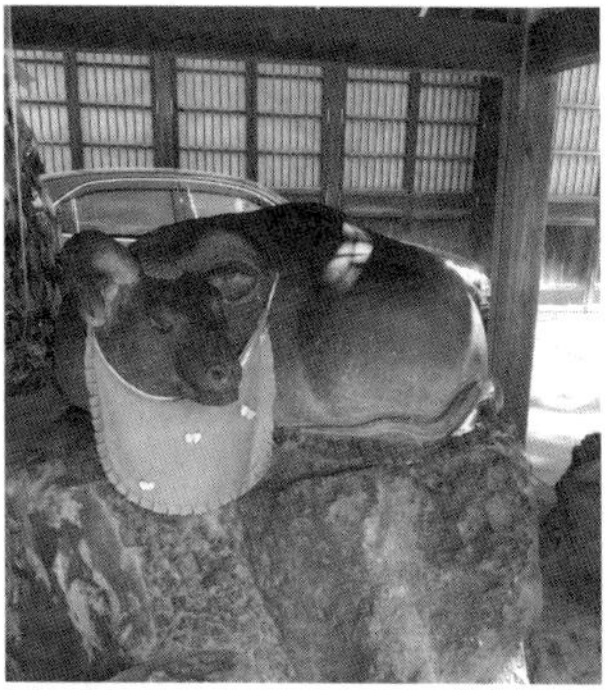

牛嶋神社にある撫牛は多くの人に撫でられてツルツル

## 上58

### ●上野松坂屋前～早稲田

# 江戸の歴史が感じられる谷根千の中心部を駆け抜ける

「上58」系統は、不忍《しのばず》通りをメインに上野松坂屋前～早稲田を走るコース。沿線には名所旧跡が多く、途中下車して散歩するのもいい。

この系統は、かつての都電の上野公園～動坂下《どうざかした》～大塚仲町《おおつかなかまち》（現・大塚三丁目）～護国寺《ごこくじ》～矢来《やらい》下というルートに対応している。「本駒込《ほんこまごめ》四丁目」バス停の前にある建物（文京区の勤労福祉会館と都営アパート）は、都電神明町《しんめいちょう》車庫の跡地だ。隣接した公園には、都電の保存車両が二両置かれている。

始発は、多くのバスが発着する「上野松坂屋前」バス停。上野広小路から左折して不忍通りに入る。右手には、通りの名前の由来になった不忍池がある。一六二四（寛永元）年、徳川家康に命じられた僧・天海《てんかい》が、上野に寛永寺《かんえいじ》を創建し始める。これに合わせて不忍池の中央に島が築かれ、弁天堂が建てられた。池面は大きなハスで覆われている。一八八二（明治十五）年開園の上野動物園、下町風俗資料館、旧岩崎邸など見どころが多い。

その先、「根津《ねづ》駅前」「根津神社入口」「千駄木《せんだぎ》二丁目」「団子坂《だんござか》下」と、谷中《やなか》・根津・千駄木、通称「谷根千《やねせん》」の中心部のバス停を通る。根津神社では四月中旬からつつじまつりがあり、苑内のつつじを目的に多くの人出がある。団子坂の上には、文豪・森鷗外《もりおうがい》が住んだ観潮楼《かんちょうろう》の跡地に文京区立森鷗外記念館がある。そして、文京区と台東区の境目を曲がりくねった「へび道」が通る。藍染川《あいぞめがわ》の暗渠《あんきょ》である。路地散策を存分に楽しめるエリアだ。

不忍通りはゆるやかな坂を登りながら、左にカーブする。「上富士《かみふじ》前」バス停で降りると、六義園《りくぎえん》がある。一七〇二（元禄十五）年に、徳川五代将軍綱吉《つなよし》に仕えていた柳沢吉保《やなぎさわよしやす》が築園した。広大な敷地で、歩くとたっぷり一時間はかかる。

「千石《せんごく》一丁目」バス停からしばらく坂を上り下りして、「護国寺《ごこくじ》」バス停へ。一六八一（天和元）年創建の、将軍家に縁が深い寺だ。本堂で観音像や絵馬を見た後、階段を降りようとすると、向こうに高い建物が目に入る。講談社のビルだ。ここから音羽《おとわ》通りに入り、江戸川公園を右手に、神田川に架かる江戸川橋を渡る。

この後は新目白通りを走って、終点の「早稲田」バス停に到着する。リーガロイヤルホテルの前だ。すぐ先にある早稲田営業所は、元は都電の車庫だった。車庫の脇の都営アパートに沿って歩いていけば、早大の正門や大隈《おおくま》講堂はすぐそこにある。

# 学01

## ●上野駅前～東大構内

# 最高学府へのアクセスバスは客の大半が病院利用者？

東京大学の敷地は、江戸時代に加賀《かが》・能登《のと》・越中《えっちゅう》を治めた前田家の上屋敷跡である。入口にある赤門は、徳川十一代将軍家斉《いえなり》の二十一女・溶姫《ようひめ》が前田家に輿入《こしい》れする際に建造されたという。夏目漱石の『三四郎《さんしろう》』に登場する三四郎池も、前田家の時代からのものだ。

一八七六（明治九）年、この地に東京医学校が移転して、翌年、東京開成《かいせい》学校と合併し東京大学が設立された。東大の中には、伊東忠太設計の正門（一九一二年）、モダンな外観を持つ安田講堂（一九二五年）など、歴史ある建築物が多く残る。学外の人たちも出入りし、散策を楽しんでいる。いつも刺激的な展示をしている、東京大学総合研究博物館などもある（二〇一六年三月現在、改装のため休館中）。

「学01」系統のバス停は、構内案内図を見ると安田講堂の裏あたりと、ずいぶん奥まったところにある。バス停には、東大構内～上野駅の「学01」系統と東大構内～御茶ノ水駅の「学07」系統が、隣り合わせに並んでいる。いずれも学生の通学に配慮した「学バス」（一三ページ参照）で、御茶ノ水駅に向かう学生が多いのか、「学07」系統の方が運転間隔が短く便数も多い。もっとも、現在の主要な客層は、東大病院への客となっている。

バス停の前には、一九三四（昭和九）年建築の生協食堂と書籍部、そして乗務員の詰所がある。向かいの理学部化学館は、一九一六（大正五）年と東大の中でも最も古い建築物で、ルネサンス様式が採用されている。歴史を感じさせる一角だが、何となくバスの終点には似合わない気がする。

## 工学部や農学部まで走っていた「学01」

実は、ここが終点ではなかった時期がある。『都営バスＡｔｏＺ Ｖｏｌ・８ Ｇ大塚・Ｐ巣鴨』（都営バス資料館著）によれば、この路線が開通したのは一九四九（昭和二十四）年。その翌年から一九五二（昭和二十七）年まで、これより先の工学部脇から「弥生門《やよいもん》」バス停、そして「農学部裏門」バス停を経て、「東大農学部」バス停が終点だったという。現在、東京都が告示する書類上の距離は東大から上野まで三・七キロだが、実際は三キロもない。昔の終点の名残が今も残っているといえそうだ。

わずか数年で元に戻ったのは、「通り抜け車両が多いことや、理学部の精密実験の邪魔

東大構内に入り医学部附属病院の前を走る「学01」系統

になること」などの理由からだそうだ。

バスが発車し、すぐ先の「東大病院前」バス停で停まると、女性がどっと乗ってくる。勤務を終えた看護師さんだろうか。その先、竜岡門《たつおかもん》を出たところにもバス停がある。春日通りを左折し、ゆるやかに坂を下る。右には学問の神様として知られる湯島天神がある。

天神下を越えると、「上野広小路」のバス停がある。その先、御徒町《おかちまち》駅を越えて、昭和通りを走る。終点の「上野駅」バス停は浅草口に近い、人けの少ない通りにあった。

# 都08

## ●日暮里駅前～錦糸町駅前

## 浅草から吾妻橋にかけて車窓から見える東京スカイツリー

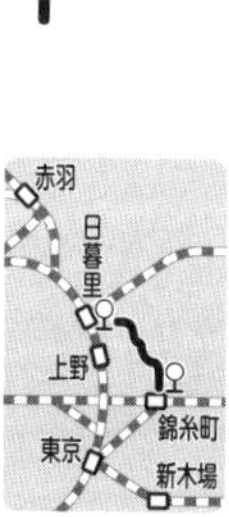


下町のランドマークである、東京スカイツリー。高さ六百三十四メートルのタワーとその展望施設のほか、「ソラマチ商店街」や水族館、プラネタリウムなどがあり、都民に親しまれる東京の新名所として定着している。

東京スカイツリーの周囲には浅草通りがあり、上野・浅草方面と総武線方面をつなぐバスが多く走っている。地域住民と観光客が、仲良く同乗しているわけだ。日暮里《にっぽり》駅前～錦糸町《きんしちょう》駅前を走る「都08」系統は、前身は昭和二十年代の「23」、その後は「里23」系統。一九九四（平成六）年、「都市新バス」システムの導入（一四四ページ参照）にともない「都08」となった。愛称は「グリーンリバー」で、途中で隅田川を渡るためだという。

日暮里駅の西側は、谷中霊園や谷中銀座があり、観光客が多く訪れる。バスが出るのは、その反対の東側のロータリーだ。駅前広場には、この近くに出城を持っていた戦国武将・太田道灌《おおたどうかん》の騎馬像がある。出発すると、バスは日暮里中央通りを走る。あたりには繊維や

布を扱う店が並び、安い布を求めて若い女性が歩く姿も。この先、尾竹橋《おたけばし》通りを越えると道が狭くなり、下町の色が濃くなる。看板建築の商店も目に入る。

昭和通りを越えると、国際通りに出る。「竜泉《りゅうせん》」バス停で降りて少し歩くと、台東区立一葉《いちよう》記念館がある。一九六一（昭和三六）年の開館で、現在のモダンな建物は十年前に改築されたもの。樋口《ひぐち》一葉は小説を書きながら、竜泉寺町で荒物駄菓子店を営んでおり、館内にはそのミニチュアなどが展示されている。記念館の近くには一葉が『たけくらべ』で描いた吉原がある。その先には鷲《おおとり》神社があり、酉《とり》の市《いち》のある日は熊手を持った人たちで大変混雑する。

## 東京スカイツリーのベストショットスポットは？

バスは浅草雷門の方には向かわず、「西浅草三丁目」バス停を出てすぐ、左折して言問通りに入る。浅草寺を裏側からぐるっと回っていくコースだ。正面には、早くも東京スカイツリーの姿が。浅草松屋に隣接した「東武浅草駅前」バス停の先、吾妻橋で隅田川を渡る。左には、リバーピア吾妻橋の金色のオブジェがどーんと構えている。

そこから浅草通りに出て、「とうきょうスカイツリー駅入口」（旧「業平橋《なりひらばし》」）バス停で降りれば、スカイツリーは目の前だ。しかし巨大なので、近すぎると見えにくい。

三ツ目通りを南下した「横川三丁目」バス停で降りてみると、バス停の真後ろに、スカイツリーがはっきり見える。残念ながら下の方は隠れてしまっているが、やって来たバスとともに、カメラに収めることができる。また、吾妻橋の西側のたもとも、東京スカイツリーを背景に日暮里方面へと走るバスを写真に収めることができる、定番スポットとなっている。

撮影のため途中下車したなら、向かい側にある「純喫茶すいれん」のコーヒーで一休みするのもいい。終点の「錦糸町駅前」までは、あとバス停三つだ。

錦糸町駅近くを走る都バスの背後に見える東京スカイツリー

## 里48

### ●日暮里駅前～見沼代親水公園駅前

# 新交通ができてお役御免？ 日暮里から足立区までを結ぶ系統

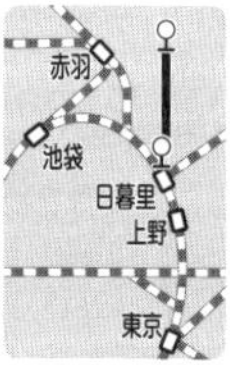


日暮里駅前の広場に立ち、上を見ると日暮里・舎人《とねり》ライナーの高架線が見える。二〇〇八（平成二十）年に開業した新交通システムで、日暮里駅と見沼代親水《みぬまだいしんすい》公園駅間を結んでいる。このルートの鉄道敷設は一九七〇年代から計画があり、完成は沿線住民の悲願だった。

「里48」系統は日暮里・舎人ライナーができるまで、ほぼ唯一の交通手段だった。かつては混雑を極めたそうだが、現在ではゆったり座れる。便数もあまり多くない。

「日暮里駅前」バス停を出ると、一直線に尾久橋《おぐばし》通りを北に向かって進む。上空にはつねに舎人ライナーの姿がある。「西日暮里駅前」バス停を通り、常磐貨物線の下を抜ける。

「赤土《あかど》小学校前」バス停の西にのびる商店街は、尾久銀座と熊野前商店街が二つつながったもので、全長は八〇〇メートルもある。個人経営の店が多く、洋品店や喫茶店が何軒もある。尾久銀座の「丸栄食品」はシュウマイとギョウザの専門店で、豊富な種類から選べる。

## 一日一便しかない枝線があった

同じく商店街最寄りである「熊野前」バス停を過ぎ、隅田川に架かる尾久橋を渡ると、続いて扇大橋《おうぎおおはし》で荒川を渡る。江北《こうほく》駅から先は「谷在家《やざいけ》二丁目」「皿沼《さらぬま》二丁目」など、歴史を感じさせる地名が続く。「舎人《とねり》」も古くからある難読地名で、「舎人公園前」バス停付近は、左右に広大な公園が広がっている。園内にはスポーツ施設も多い。

ここでバスは初めて左折して、足立流通センターの方へ回り込む。再び尾久橋通りに戻り、終点の「見沼代親水公園駅前」バス停に着く。ここは、かつて灌漑用水として使われていた見沼代用水を生かした親水公園になっている。

日暮里・舎人ライナーの高架

二〇一四（平成二十六）年四月までは、巣鴨駅～西日暮里駅の「里48出入」という系統もあった。かつてはそれなりに便数があったが、廃止間際は一日に一便のみ。不忍通り沿線からＪＲ駅に出られる設定だったが、乗客は定着しなかったようだ。

# 亀21

## ●亀戸駅前～東陽町駅前
# 庶民の街を縫ってバスが走る狭く入り組んだ道は「元」川だった

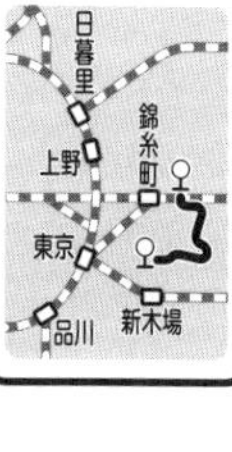


亀戸《かめいど》は隣駅の錦糸町と並んで、城東《じょうとう》エリアにおける都バスの一大拠点だ。現在、駅前から発着するのは、全部で十一系統。その多さはまさに、江東《こうとう》区の交通事情を示している。古くから南北を縦貫する鉄道路線がなかったため、縦の移動に苦労する地域も多く、昔は都電、今は都バスが、区民の重要な足となっているのだ。

中でも、区内でも有数の繁華街を有し、ＪＲと東武鉄道が発着する亀戸駅と、区役所やオフィス街最寄りである東京メトロ東西線の東陽町《とうようちょう》駅を結ぶのが、「亀21」系統。一九七四（昭和四十九）年に設けられた、沿線住民の悲願の系統である。開設が戦後と新しいのは、経路である丸八《まるはち》通りが昭和後期に開通するまで、バスが通れる道がなかったのが理由とも。

亀戸駅を出発すると、京葉道路を経て丸八通りを南下する。丸八通りの名前の由来である小名木川《おなぎがわ》に架かる丸八橋を渡ると、大島《おおじま》から北砂《きたすな》へ入り、時代を感じさせる家並みや商店が続く。その先で、都内随一の人気商店街である砂町銀座《すなまちぎんざ》のそばを抜ける。このあたりは、一九四五（昭和二十）年の東京大空襲で焼け野原となってしまったが、戦後、次第に賑わいを取り戻し、一九六三（昭和三十八）年にはほぼ現在の規模になったという。

左折して清洲橋《きよすばし》通りへ入り、荒川の手前で、東砂《ひがしすな》・南砂《みなみすな》にまたがるローカルな通りを抜けると、やがてバスは交通量の多い明治通り、続いて永代《えいたい》通りに出て、終点の東陽町駅前へとすべりこむ。

## 狭い道路にかつての水辺の面影あり

この系統のハイライトは何といっても、荒川のたもとに広がる東砂～南砂にかけての細道である。清洲橋通りから続く「神明《しんめい》通り」「四十町《しじゅっちょう》通り」、さらに明治通りへ至る「元八幡《もとはちまん》通り」「仙気稲荷《せんきいなり》通り」の四つの通りで、沿道にはひなびた商店街や民家が続く。都バスが走る経路の中でも比較的狭いこれらの通りは、いずれも川の跡だ。前者二本の通りは舟入《ふないり》川、後者二本の通りは元〆《もとじめ》川だったが、ともに関東大震災後から昭和十年代に埋め立てられ、道路として整備された。バスに乗車していると途中で出くわすカーブに、川の名

狭い元八幡通りを走る「亀21」系統。ここがかつての川の上だ

残が感じられる。

　北砂～東砂～南砂は、かつては「砂町」（砂村）と呼ばれた一帯だ。江戸期に砂村新左衛門が開拓した「砂村新田」をはじめとする新田が広がり、前述の二つの川も新田を流れる元水路。バスが渡る旧竪川《たてかわ》（現在は首都高速小松川線）、小名木川、仙台堀川なども、江戸期に物資輸送のために造られた水路だ。

　一説には、亀戸や大島は昔は島だったといわれており、「橋」「島」「砂」「浦」が付くバス停名からも、海に近く水路が縦横に走る地区だったことが想像できる。豊かな水路を持つ広い農村だったために、工業地帯や住宅地に変貌した江東区。失われた水辺の記憶が、車窓から垣間見えるようだ。

# 里22

## ●日暮里駅前〜亀戸駅前

# かつての江戸の外周をたどる戦前からの歴史ある系統

同じ亀戸駅を通るバスながら、江東区内のみを走る「亀21」系統（五〇ページ参照）に対し、荒川区〜墨田区〜江東区の三つの区を結ぶ「里22」系統は、沿線が変化に富んだ隠れた観光路線である。「谷根千」こと、谷中・根津・千駄木の玄関口である日暮里駅前を出発したバスは、手芸愛好家の聖地とも呼ばれる生地関連の商店街、日暮里繊維街を通り抜ける。尾竹橋通りから明治通りへと入ると、沿線には古くからの名所が多く点在し、終点まで興味は尽きない。

バスが運行する明治通りは都心の通りである印象が強いが、東京の東側まで長く延びている。沿道の大半が昔の江戸の市街の外側にあたり、当時は農村が形成されていた。自然が豊かで神社仏閣などが点在する、江戸町人の遊楽地でもあったことから、「里22」系統の経路の随所に名残がとどめられている。

泪橋《なみだばし》は、かつての「江戸の境界」であり、遊郭のあった吉原も近い。このあたりは山谷《さんや》と呼ばれ、日光街道も近いため江戸期から宿場町的な存在だった。明治以降は木賃宿《きちんやど》が集まり、現在も簡易宿泊所が集中する、通称「ドヤ街」が形成されている。

その先の隅田川に架かる白鬚橋《しらひげばし》は、大正時代になるまで橋はなく、「橋場の渡し」と呼ばれる渡し船が設けられていた。江戸期に開園した向島百花園《むこうじまひゃっかえん》は梅や七草の名所として知られ、国の名勝・史跡の指定を受けている。「立花一丁目」バス停のそばにある吾嬬《あづま》神社は、日本武尊《やまとたけるのみこと》が妻の弟橘媛《おとたちばなひめ》を祀ったとされる、地名の由来となった古社だ。

ほかにも、沿岸から船を綱で曳く水上交通路からその名がついた曳舟《ひきふね》(最寄りは「明治通り」バス停)、関東大震災と東京大空襲を免れて当時のたたずまいを残す向島橘銀座商《たちばなぎんざ》店街(通称、キラキラ橘商店街。最寄りは「橋通り」バス停)など、途中下車に魅力的な場所には事欠かない。

沿線の歴史と同様に、「里22」系統も、都バスの中ではかなりの古株だ。戦前の一九三二(昭和七)年に運行を開始した「56」系統が前身で、一九四五(昭和二十)年の東京大空襲で多くの系統が廃止・休止される中でも生き残り、終戦時には「12」系統に。一九六〇(昭和三十五)年に三河島《みかわしま》駅経由で日暮里駅まで運行区間が延び、以降は経路が変更されることなく、一九七二(昭和四十七)年に現在の「里22」系統となった。

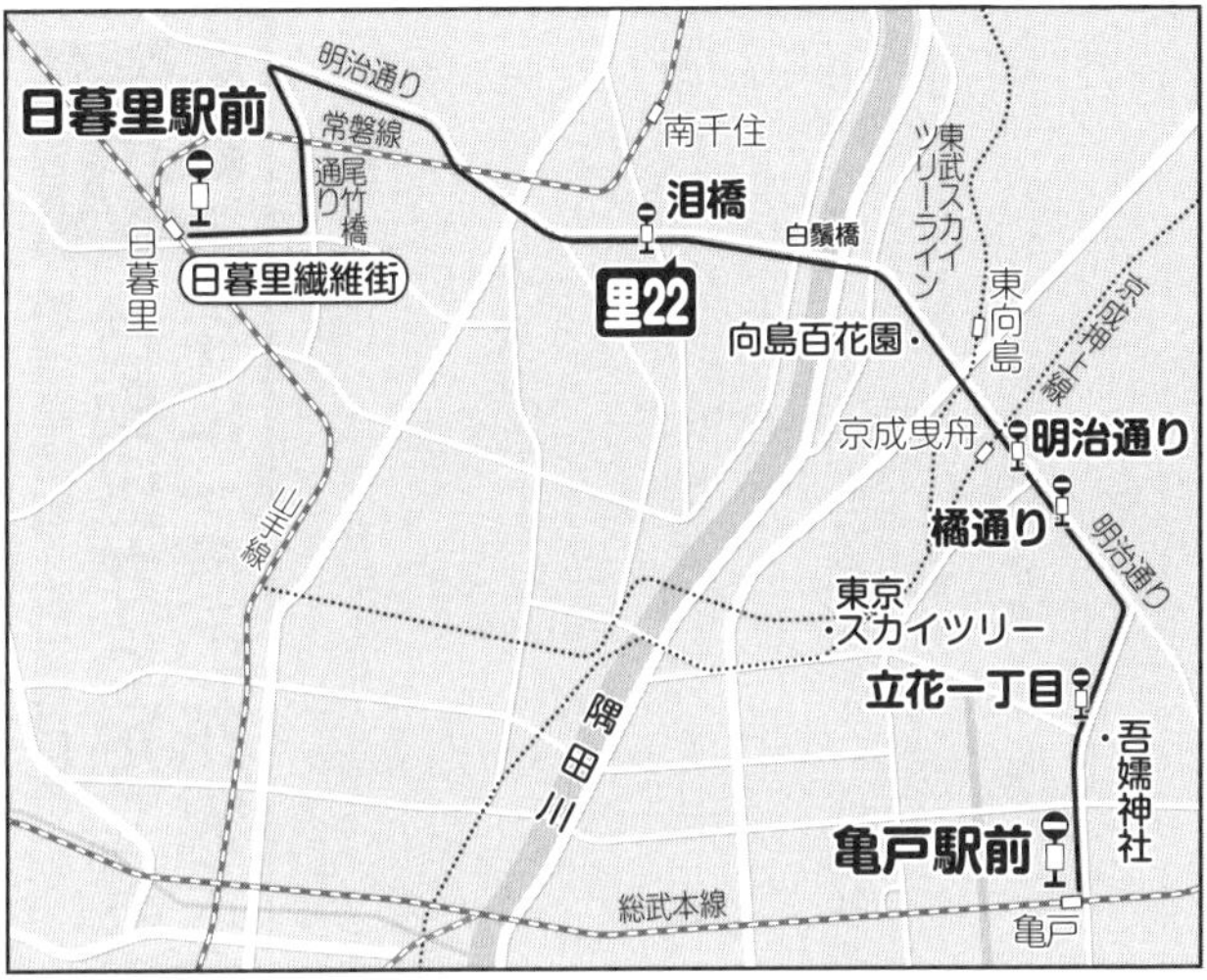

「泪橋」バス停に停車した「里22」系統

泪橋の近くには安宿が多く、近年は若いバックパッカーも多く利用する

## 草41

●浅草寿町〜足立梅田町

# 台東区から足立区までをつなぎ 年に一度の花火大会でも大活躍

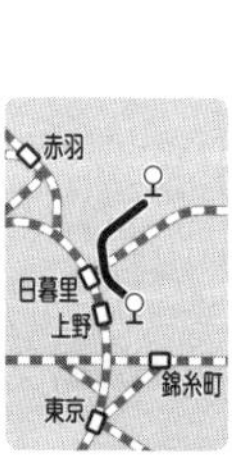


「草41」系統は、浅草寿町《ことぶきちょう》〜足立《あだち》梅田町《うめだまち》を運行している。足立梅田町は東武スカイツリーラインの梅島駅が近く、ビートたけしがこの近く（足立区島根）で育っている。

始発の「浅草寿町」バス停では乗客は多くないが、次の「浅草公園六区《ろっく》」バス停で乗り込んでくる。「六区」とは、浅草公園を一区から六区に分けたことに由来する。ここに映画館、寄席などの娯楽施設が集まった。戦前の写真を見ると、人が多すぎて身動きがとれなくなっている。今の街の様子からはとても信じられない。映画館は二〇一二（平成二十四）年閉館の「浅草名画座」「浅草新劇場」を最後に消えてしまったが、「浅草東洋館」などの寄席は健在だ。ＪＲＡの近くには安い居酒屋も多い。

「西浅草三丁目」バス停の先を左折して、言問通りを進む。この先、鶯谷《うぐいすだに》までは通り沿いになぜか洋食屋が多く、「洋食ロード」と命名したくなってしまうほどだ。次の「入谷《いりや》二丁目」バス停で降りた先、左側にかっぱ橋道具街が広がる。料理に使う道具なら何でも揃う。手前の台東区立中央図書館には、池波正太郎《いけなみしょうたろう》記念文庫がある。

昭和通りを渡ると、「入谷鬼子母神《いりやきしもじん》」バス停がある。寺名は真源寺《しんげんじ》といい、毎年七夕の前後に朝顔市が開かれることで有名。さらに進むと、鶯谷駅に出る。風俗街の印象があるが、正岡子規《まさおかしき》が住んだ子規庵《しきあん》や中村不折《なかむらふせつ》旧居の書道博物館などがある。

## 花火見物の客を乗せて荒川河川敷へ

右折して尾竹橋通りへ。荒川区に入る。「大下」バス停は「おおさがり」と読む。このあたりは路地が入り組み、歩くうちに方向がわからなくなる。JR三河島駅の周辺には、韓国料理屋や食材の店が集中する。宮地交差点を越えると、「町屋駅前」バス停。京成線、東京メトロ千代田線、都電荒川線が乗り入れるので、ここからの乗客は多い。

尾竹橋の架かる隅田川を渡ると、足立区に入る。「千住桜木《せんじゅさくらぎ》」バス停から西新井橋で荒川を渡る。尾竹橋通りを右折したところに、「放水路土手下」バス停がある。年に一度、七月にこの河川敷で「足立の花火」が行われる。約百年の歴史があり、一万二千発が打ち上げられるという。この日は川を渡る手前の「千住桜木」止まりとなり、花火見物の観客を満載して往復する。バスを降りるとすぐ近くが打ち上げ場所で、間近で花火が見られる

「足立の花火」開催時に観客を運ぶ「草41」系統

絶好のポジションだ。

ここから先は狭い道を進む。道路工事などがあると、バスは苦労して通り抜けることになる。終点の「足立梅田町」バス停に着くが、まわりは住宅街でどこに向かえばいいのかわからない。そんなときは、来た道を「赤《あか》不《ふ》動《どう》」バス停まで戻ってみるといい。

通りから東に入ったところにある明《みょう》王《おう》院《いん》は、一一七八（治承二）年に創建された。朱塗りの不動堂があったため赤不動と呼ばれたという。今のお堂は建て直したもので、朱塗りだが名前でいうほど赤くはない。通りに戻ると、「不動製パン」の看板がある。お不動さんから名前をもらったパンを買ってみるのもいいだろう。

## 東43

●東京駅丸の内北口～荒川土手操車所前・江北駅前

# 東京駅発荒川土手行き!? 終点は土手のすぐ下

東京駅丸の内北口～荒川土手～江北駅前をつなぐ「東43」系統は、千代田区、文京区、荒川区、北区、足立区の五区を通り、まっすぐ北へ向かう系統。一時間以上かかることもあり、全部乗り通す客は少ないかもしれない。しかし、これは東京の歴史を実感できる、味わい深いルートなのだ。

「東43」系統の歴史は、一九四四（昭和十九）年の田端《たばた》～荒川土手を前身とし、これが戦後に復活した後、御茶ノ水、東京駅北口と延伸されて、現在の経路になった。北側は、西新井駅まで延びていた時期もある。

「東43」のバス停は、二〇一三（平成二十五）年に修復を完了し、見事な赤レンガ駅舎の美しい姿を見せている東京駅丸の内口の向かい側に建つ、商業施設・丸の内オアゾの入口付近にある。便数は平日で一時間に一～二便と少ない。日暮里・舎人ライナーの江北駅前まで延びる便もあったが、二〇一六（平成二十八）年春のダイヤ改正で通し運転の便は廃止され、全便荒川土手止まりとなっている。東京駅前を出発するとすぐ左折し、永代《えいたい》通りに入る。このあたりにはオフィスビル群が林立する。大手町の交差点で右折、日比谷通りを進む。首都高速の出入口のある神田橋を抜ける。この下を日本橋川が流れる。

この先、道の名前は本郷通りと変わるが、バスはその先を左折し、神田錦町《にしきちょう》から北上する。「駿河台下《するがだい》」バス停で降りると、近くのカレー屋からいい匂いが漂ってくる。この一帯を歩けば、書店とスポーツ用品店とカレー屋のどれかにすぐぶつかるのだ。

駿河台下交差点から靖国《やすくに》通りの南側と、その裏のすずらん通り一帯には、百六十店以上の古書店と、「三省堂書店」などの新刊書店が並ぶ。バス好きなら、交通関連の本が豊富な「書泉《しょせん》グランデ」の五階に行けば、たいていの本は揃えられる。また、以前に比べるとチェーン系の店が増えたが、神保町駅近くの「さぼうる」など古くからの喫茶店が頑張っている。コーヒーを飲みながら、買った本を開くのは無上の愉しみだ。

## 文学の街から土手沿いの下町へ

再びバスに乗り、明治大学の前を通り、「御茶ノ水駅」「順天堂病院《じゅんてんどうびょういん》」の各バス停を経由する。その先で本郷通りに戻り、東京メトロ丸ノ内線の「本郷三丁目駅」バス停へ。すぐ

東京大学の赤門の前を通過する「東43」系統。このバスはこの後御茶ノ水方面へ

先の交差点角には「かねやす」がある。江戸時代に歯磨き粉を売り出したことから、小間物屋として営業。江戸の北限といわれ、「本郷も　かねやすまでは　江戸のうち」の川柳《せんりゅう》がある。この先、東京大学の前には古書店や飲食店が並ぶ。正門前にある「万定《まんさだ》フルーツパーラー」の、カレーライスとハヤシライスはおすすめ。戦前のレジスターも現役だ。

バスは東大農学部の脇を通り、都営地下鉄三田線白山《はくさん》駅近くの「本駒込《ほんこまごめ》三丁目」バス停の先で右折し、動坂を下る。中ほどに駒込病院がある。利用者が多く、ここからは便数が大きく増える。

不忍通りを抜けた先は田端《たばた》で、明治から大正にかけて芥川龍之介《あくたがわりゅうのすけ》、室生犀星《むろうさいせい》、村山槐多《むらやまかいた》ら多くの作家・画家が居住したことから、「田端文士村《ぶんしむら》」と呼ばれた。彼らの旧居はほとんど現存しておらず、田端駅前の北区立田端文士村記念館に資料が展示されている。

田端駅から坂を下ると、一気に下町の雰囲気になる。「小《お》台《だい》」バス停で都電荒川線と連絡する。その先、小台橋で隅田川を越えると、足立区に入る。狭い道を通って、「宮城二丁目」バス停へ。ここから「豊島《としま》五丁目団地」バス停に向かう枝線が、一日数便運行されている。

江北橋を渡ると、終点「荒川土手」バス停がある（東京駅行きはひとつ先の「荒川土手操車所」が始発）。とはいえ、ここから土手は見えない。階段を登ると、広大な土手が目の前に広がる。上には首都高速が走り、自然との対比を見せる。春になれば、スポーツ目的などで訪れる人も多いだろう。

この先の「江北駅前」バス停まで運行区間が延びたのは、二〇〇八（平成二十）年に日暮里・舎人ライナーが開業したため。便数が少ないのは、ほぼ同じ区間を「王40甲」系統が走っているためと思われる。

「荒川土手」バス停。向こう側に土手が広がる

## 王40甲

●池袋駅東口～西新井駅前

# 池袋の繁華街と足立区の寺を結ぶ都バス屈指の幹線系統

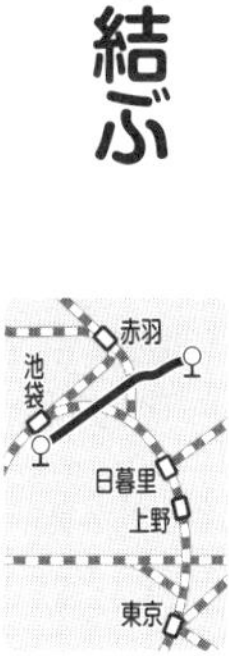


「王40甲《こう》」系統は、池袋～西新井《にしあらい》を結ぶ。東武スカイツリーラインと接続するため利用者が多く、いつも混んでいる。運行している便数もかなり多い。

また、「王40丙《へい》」系統もあり、JR王子駅から出発し、「宮城二丁目」バス停までは甲と同じ経路を通るが、そこから「江南《こうなん》中学校」「宮城都営住宅」「宮城小学校」各バス停を回り、来た道を反対側に王子駅まで戻る。以前は王子駅～豊島循環の「王40乙《おつ》」系統もあったが、二〇〇七（平成十九）年に廃止されている。このほか、王子駅と北車庫をつなぐ「王40出入」系統もある。

出発は池袋駅東口。ビックカメラの裏あたりに、名画座の「新文芸坐《しんぶんげいざ》」がある。一九五六（昭和三十一）年に開館し、多くの名作・異色作を上映してきた。一度閉館したが、オーナーが変わって復活。二本立て上映で監督、俳優などの特集を組む。

バスは「池袋保健所」バス停（以前の名称は「豊島区役所前」）を通り、六つ又交差点を越えて、明治通りを進む。このあたりは古くからの街並みが残り、商店や飲食店などに趣のある建築が多かったが、今ではほとんど姿を消してしまった。「堀割《ほりわり》」バス停から「西巣鴨《すがも》」バス停にかけては、淑徳《しゅくとく》巣鴨中・高や大正大学がある。「滝野川二丁目」バス停を越えると、もうすぐ王子駅だ。「飛鳥山《あすかやま》」バス停最寄りの飛鳥山公園は、江戸時代から桜の名所であり、春には多くの花見客で賑わう。王子駅側から「アスカルゴ」という無料のモノレールに乗ると、わずか二分で上に着き、そこから王子の街が見下ろせる。公園の中には、渋沢史料館、北区飛鳥山博物館、紙の博物館があり、共通のチケットで見学することができる。

駅の反対側に出ると、国立印刷局の王子工場があり、その一角がお札と切手の博物館になっている。ここでは、珍しい紙幣や各国の切手を見ることができる。

## 屋台が並び参詣者で賑わう西新井大師

「王子駅前」バス停からは、ひたすら明治通りを進んでいく。「豊島五丁目団地」バス停は、隅田川に面した地域に建つ巨大団地の最寄り。川の対岸には、「王45」系統（六六ページ参照）が通るハートアイランド団地もある。団地の前には広いバスプールがあり、近隣の系統の休憩所となっていて、運転手が集まって世間話をする姿も見られる。

その先、豊島橋で隅田川を、江北橋で荒川を渡る。「宮城二丁目」バス停から「江北一丁目」バス停までは、田端方面から来る「東43」系統（五九ページ参照）と同じコースだ。

荒川土手から狭い通りに入り、尾久橋通りを越えると、「西新井大師前」バス停。終点の「西新井駅前」バス停は、東武スカイツリーラインの西新井駅に接続する。駅ビルは時代を感じさせるもので、昔のボウリング場を思わせる。

西新井駅へ到着し、折り返しの出発時間を待つ

西新井大師へは、東武鉄道の大師線で戻ってみるのもいい。西新井駅の改札を入ると、その先に大師線の改札がある。電車は二両編成。発車したと思ったら、わずか二分で終点の大師前駅に到着。たった二駅だけの路線なのだ。戦前に西新井駅と東武東上線上板橋駅をつなぐ西板線が計画されていたが、諸事情で実現せず、参詣者を運ぶこの区間だけが開通した。
西新井大師は総持寺《そうじじ》といい、八二六（天長三）年に弘法大師が創建した。参道には団子屋や煎餅屋が並び、立ち食いそば屋のいい香りが漂う。

# 王45

## ●王子駅前～北千住駅前

# 荒川と隅田川に挟まれたリバーサイドを走り抜ける

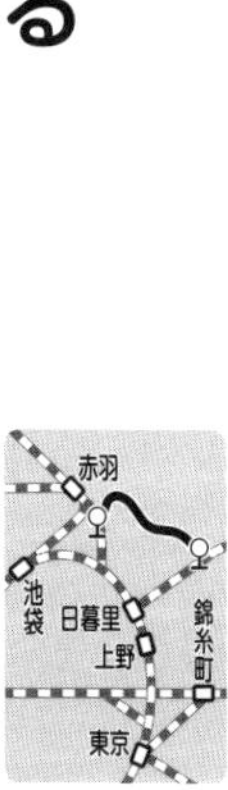


「新田《しんでん》土手通り」「宮城土手上」「小台土手上」「桜木《さくらぎ》土手上」。王子～北千住《きたせんじゅ》を走る「王45」系統の路線図には、「土手」と付くバス停がこれだけ並ぶ。バスは朝夕を除けば、一時間にほぼ一便しかない。失礼ながら、こんな経路に利用者がいるのだろうか？

半信半疑で、王子からバスに乗り込む。バスは北本《きたほん》通りを北に向かって進む。途中から、細い道に入り込んでいき、古びた商店街も車窓から見える。「新田橋」バス停で、隅田川を渡る。幅が九メートルと、この川に架かる橋では最も狭い。一九四一（昭和十六）年に橋が架けられる前は、野新田《やしんでん》の渡し（馬場の渡し）が交通手段であった。橋の向こう側は足立区だ。

その先、しばらく進むと「ハートアイランド西」バス停を通る。ハートアイランドは工場の跡地につくられた巨大団地だ。ここからは、隅田川がUの字に曲がっているのが見える。そして、「新田通り」バス停から先は荒川と隅田川に挟まれた土手沿いを、ひたすら走っ

レトロなたたずまいの「ミルクホール モカ」では本格コーヒーが飲める

荒川沿いの土手の上にある「小台土手上」バス停に停車する

ていくのだ。

ややこしいのだが、隅田川はかつて「荒川」という名前だった。この川では洪水が頻発し、川沿いの住民を悩ませた。「小台」の地名も、洪水を避けるために台地になっていたことに由来するという。一九一〇（明治四十三）年の洪水被害をきっかけに、荒川放水路の基本計画が策定され、一九三〇（昭和五）年に完成した。車窓から見えるこの風景も、意外に新しいものだったのだ。

## どこで降りても「土手」だらけ

江北橋のたもとの「宮城土手上」バス停で下車すると、そのあたりは小高くなっていて荒川が一望できる。ちなみに、反対側の北千住方面からやって来るバスのバス停は、江北橋の下にあり、荒川を眺めることはできない。

さらに進むと、「小台土手上」バス停に出る。ここからも荒川が眺められる。「土手上」と付く二つ以外のバス停では、道路が堤防より低い位置にあるため、川は見えない。吹きさらしのような場所だが、堤防の反対側には町工場や住宅街が広がっており、乗り降りする人もちらほらいる。日暮里・舎人ライナーの足立小台駅ができて便利になったが、今でも重要な交通手段であるようだ。

「新渡《しんわた》し」というバス停もある。ここにもかつて渡し船が通っていたのだろうか。ここを過ぎると、バスは土手から離れて、尾竹橋通りに入る。「新桜木」バス停で降りてみると、近くの一軒家の入口に「コーヒー　モカ」と書かれたのれんが掛かっている。「ミルクホール」という看板もある。老舗の純喫茶だ。狭いが落ち着けること間違いなし。こんな店を見つけられるのも、バス散歩の愉しみといえるだろう。

再びバスに乗って、終点の「北千住駅前」バス停へ。駅前には新しいビルが並ぶが、少し戻って宿場町通りを歩くと、千住絵馬屋などの古い商家が並んでいる。この通りには、煮込みで有名な居酒屋「大はし」がある。土手と橋めぐりの締めくくりに、ふさわしい店である。

## 草63 草64

●（草63）池袋駅東口～浅草寿町／（草64）池袋駅東口～浅草雷門南

# 同じ行先の系統がなぜ二つ？ 実はまったく異なる歴史があった

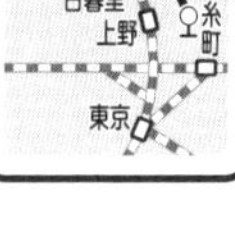


二十三区の北側に位置する池袋駅から、東側の浅草までを結んで、二つの系統が運行している。「草63」と「草64」だ。この二つの系統は、何度か同じ経路をたどったり、また離れたりを繰り返しながら、池袋駅と浅草をそれぞれ一時間ほどで結んでいる。しかしこれらの系統は、成り立ちからして異なる。

「草63」系統は、戦後に誕生した比較的新しい系統で、経路のうち戦前もバスが走っていた部分はごくわずかに過ぎない。一方、「草64」系統は、池袋駅～浅草駅を結んでいたトロリーバスが廃止される際に生まれた、代替路線である。さらにさかのぼると、昭和初期には王子電気軌道と王子環状乗合自動車が、池袋～王子や王子～三ノ輪《みのわ》にバスを運行しており、その後、市バス（現在の都バス）に一元化。戦時中に運行は一時途絶えたが、戦後の復興の際にこれらを含めた系統となり、やがてトロリーバスに替わった経緯があるのだ。

「草63」系統は、池袋駅東口にあるショッピングビル・PARCO《パルコ》の前にバス停がある。

ここから北上して、陸橋で山手線の上を越えて西巣鴨を経由して、巣鴨《すがも》駅へと向かう。巣鴨にはとげぬき地蔵があり、「おばあちゃんの原宿」と呼ばれる商店街が形成されている。

巣鴨駅からは山手線の内側に入り、旧白山《はくさん》通りを行く。片道一車線の細い通り沿いには、近年、箱根駅伝で有名になった東洋大学が見えてくる。そこから千駄木など「谷根千」と呼ばれる下町風情あふれる地区を通り、西日暮里駅へ。西日暮里駅のホームは高い位置にあるため、高架をくぐって山手線の外に出る。都電荒川線の終点がある三ノ輪橋の最寄りである「大関横丁」バス停を経て、やがて国際通りへ。そのまま直進すると浅草の中心部だ。寄席や繁華街が広がる「浅草公園六区《ろっく》」バス停で大半の人が降りると、次の「浅草寿町」が終点。東京メトロ銀座線の浅草駅よりも、田原町《たわらまち》駅の近くに位置する。雷門で有名な浅草寺《せんそうじ》までも、歩いて数分だ。

ちなみに、折り返しの池袋駅東口行きは、この「浅草寿町」バス停からは出ておらず、バスを降りたところの次の角を左折したところにある「雷門一丁目」バス停発となる。

## 都電と並走する「草64」

始発のバス停の名称は、「草63」系統と同じく「池袋駅東口」。だが、バス停のある場所

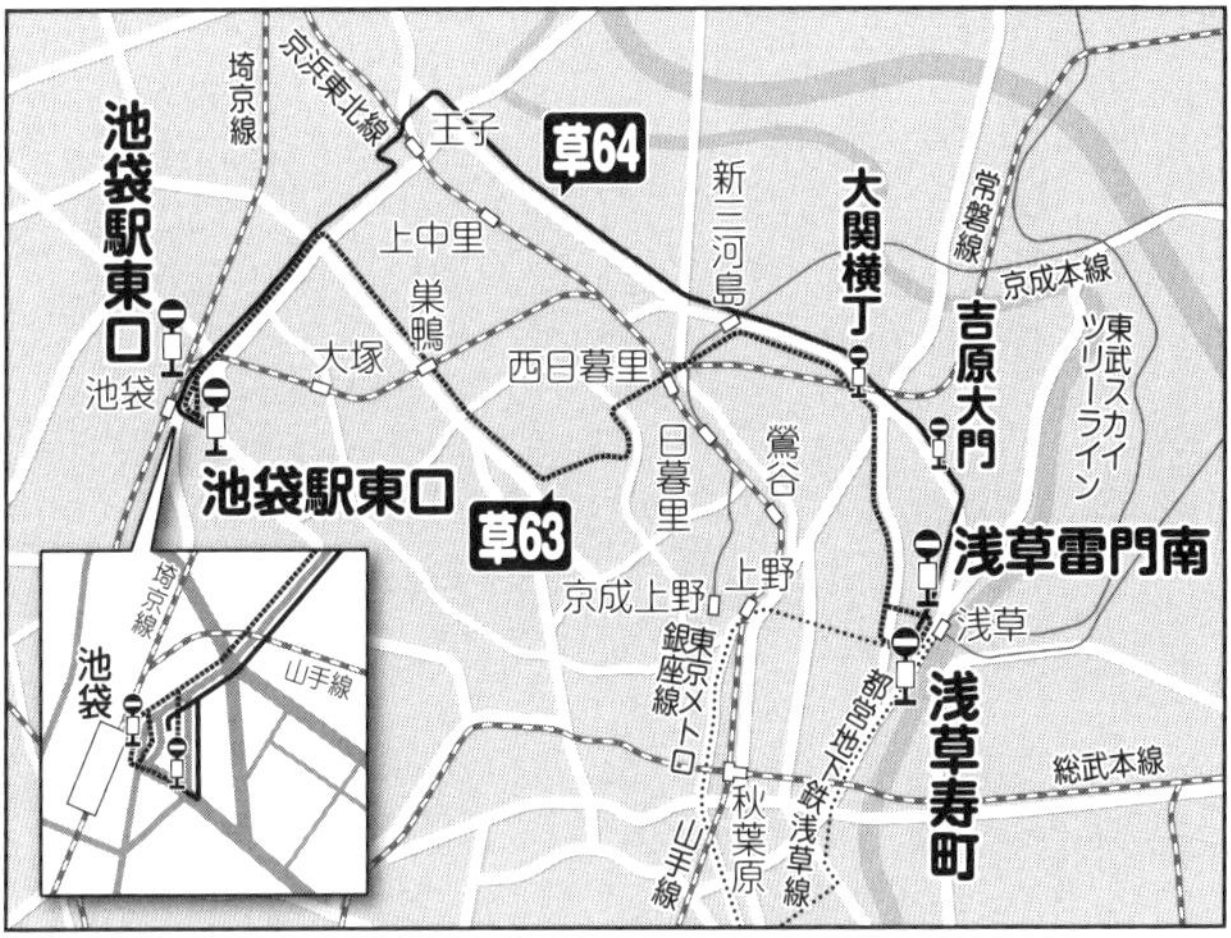

浅草寺の雷門と
終点間近の「草64」

池袋駅東口の「草63」
のバス停。周辺にはヤ
マダ電機の本店もある

はかなり離れている。池袋駅東口から正面にのびるグリーン大通りを直進、サンシャインシティへと向かうサンシャイン60通りに曲がる直前に、「草64」系統のバス停はある。ここから家電量販店のヤマダ電機の裏を通って、明治通りへ。そこからは西巣鴨まで「草63」系統と同じ経路をたどる。西巣鴨で「草63」系統と別れると、三ノ輪付近までひたすら明治通りを進む。JR王子駅のあたりでは、都電荒川線と並走することも。

京成線の新三河島駅を過ぎて宮地交差点に入ると、再び「草63」系統と同じ経路へ。大関横丁交差点でまた別れることになる。目的地は同じ浅草だが、終点のバス停が異なるため、以降は「草63」系統の経路を行くことはない。

バスは「日本堤《にほんづつみ》」「吉原大門《よしわらおおもん》」といった、江戸時代の名残を残すバス停を経由していく。日本堤とは、江戸時代初期に造られた水路の土手のこと。吉原大門は、時代劇などでもおなじみの遊郭・吉原の入口の門があった場所だ。周囲には昔ながらの建物を利用した、老舗の飲食店なども見られる。浅草寺の雷門の前を左折すると、終点の「浅草雷門南」バス停へと到着する。

池袋駅東口を出て浅草へ向かう、歴史も経路も異なる二つの路線。乗り比べてみると、沿道の表情の微妙な違いも垣間見られておもしろい。

# 学02

## ●高田馬場駅前～早大正門
## 試験の際には急行も運行 早稲田の学生街を巡る便利な系統

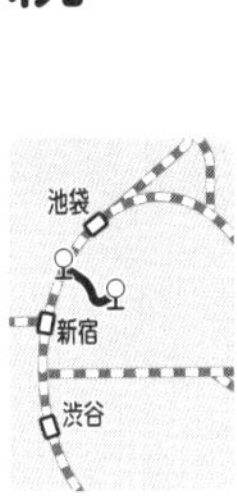


高田馬場《たかだのばば》駅のホームに降りると、耳慣れたメロディーが聴こえる。アニメ『鉄腕アトム』のテーマだ。ここ、高田馬場はアトムが誕生した場所であり、手塚プロダクションの本社がこの地にあったこともあり、発車音として採用されたという。

駅を出ると、ロータリーに噴水がある。この周囲には学生向けの安い居酒屋が多く、休み前にはコンパ帰りの早大生が横たわる姿が見られる。西武新宿線の出口に面して建つBIG《ビッグ》 BOX《ボックス》は、建築家・黒川紀章《くろかわきしょう》の設計で、周辺に大きな建物が少ないこともあって、学生の待ち合わせスポットになっている。

「学02」系統のバス停は、駅出口を出ると目の前にある。料金は安いし、三～五分おきに発車しているので、気軽に乗ることができる。訪れたときは早稲田大学の入試期間中で、通常運行便以外にも増発され、多くの受験生が乗り込んでいた。

バスの走る早稲田通りは、明治通りと交差する手前と向こうで、かなり雰囲気が異なる。

手前は学校や予備校もあるが、オフィスが多く、飲食店が立ち並ぶ。名画座「早稲田松竹」は、二本立ての旧作を上映する。二〇〇二（平成十四）年に休館したが、それを惜しむ学生たちにより再開し、現在に至る。この日もウィンドーのポスターを眺める人たちがいた。

## バスを降りれば学生御用達の古本屋街

明治通りを越え、「高田馬場二丁目」バス停で降りる。ここから大学の西門まで、三十店近くの古本屋が軒を連ねる。専門に特化している神保町《じんぼうちょう》と異なり、早稲田では得意とする分野がありつつ、雑多な本を置いている店がほとんどだ。中ほどにある「古書現世《げんせい》」は、テレビドラマ『気まぐれ天使』（一九七六〜七七）で石立鉄男《いしだててつお》扮する貧乏会社員が、下宿する古本屋としても知られる。店名も電話番号もそのまま画面に映っていたのが、時代を感じさせる。

その先の「西早稲田」バス停で、早稲田通りは右に曲がる。左側の坂は「グランド坂」といい、下ったところに早大の安部球場があった（現在は早大中央図書館）。

早稲田通りはゆるやかな坂になり、馬場下町交差点に出る。その角に穴八幡《あなはちまん》神社がある。節分には「一陽来復《いちようらいふく》」の札を受けに来る人で賑わう。境内では流鏑馬《やぶさめ》も行われる。秋にな

早大正門近くに建つ大隈講堂は
学生たちの心のよりどころ

高田馬場駅とを結ぶ
「学02」はまさに早
大生のための系統

ると、青空古本市の会場にもなる。向かいには、カツ丼発祥の店といわれる「三朝庵《さんちょうあん》」がある。

バスは、正門に続く細い道を走り、終点の「早大正門」バス停に到着する。バス停横の大隈講堂は、早大の前身・東京専門学校を設立した大隈重信《しげのぶ》の邸宅跡にある。正門を入ると、正面に大隈の銅像が見える。もっとも、この日は入試期間で構内には入れない。

使い勝手のいい「学02」系統だが、さらに便利な「急行」もある。早大の行事や入試期間に、早大正門から高田馬場駅までの片道のみ、ノンストップで運行される。東京メトロ東西線の早稲田駅まで歩くより、近くて早い。鉄腕アトム並みに頼りになるバスなのだ。

# S-1 メタリック車両が巡回する下町観光のために生まれた系統

●東京駅丸の内北口～錦糸町駅前

中型ロングバスを改装した、シルバーメタリックの車体。上野や浅草などを歩いていると、通常の都バスと比べ、ひときわ異彩を放つ車両のバスを見かけることがあるのでは。系統番号は「S－1」。「東京→夢の下町バス」という愛称も付けられている。

運行開始は二〇〇八（平成二十）年四月で、上野、浅草、両国などの下町の観光地を経由しながら、東京駅と錦糸町駅を結ぶ観光路線である。この系統は、都バスの新たな試みでもあった。都バスには貸切の観光バスはあったが、それ以外は地域輸送を目的とした路線バスばかり。そこで東京の東側、いわゆる下町エリアの観光スポットを巡る定期路線として設けられたのが、「S－1」系統なのである。

東京駅と錦糸町駅を結ぶ路線でありながら、現在はほとんどの便が途中の「上野松坂屋前」バス停から発着。土・日曜、祝日のみ、一部の時間帯で「東京駅丸の内北口」バス停発着となっている。

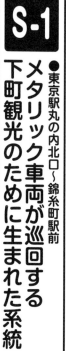

「S-1」系統用のシルバーメタリックの車両は、インダストリアルデザイナーである、首都東京大学の福田哲夫《ふくだてつお》教授によるデザイン。五台が導入され、約二十五分間隔で運行している。路線柄、乗客は日本人だけでなく外国人観光客も想定しており、車内放送は日本語のほか英語・中国語・韓国語の四ヶ国語で流れている。観光案内も表示する次停留所案内装置や、ラックに並べられた沿線の観光パンフレットも、四ヶ国語対応という力の入れようである。

座席は前向きと横向きのものを組み合わせた、独特の配置となっている。端がカーブしたソファタイプの座席があるのがおもしろい。

## 一日乗車券を使って途中下車さんぽ

平日、「上野松坂屋前」バス停を出発したバスは、まず上野公園や上野動物園の最寄りである「上野公園山下」バス停へ。そこから浅草方面へ向かい、「菊屋橋《きくやばし》」バス停に停車する。さまざまな道具の卸問屋が集まる、かっぱ橋道具街の最寄りだ。そして多くの観光客で賑わっている、浅草寺前の「浅草雷門」バス停を経由する。

横向きの座席など、観光路線のための特別なつくりをしている

東京駅丸の内北口を出発して日本橋付近を走る「S-1」系統

隅田川を渡ると、やがて正面に東京スカイツリーがそびえるのが目に入ってくる。最寄りの「とうきょうスカイツリー駅入口」にも停車、押上《おしあげ》を通過して終点「錦糸町駅前」バス停へと到着する。東京下町の主要な観光スポットを、効率的に回ることができる便利な路線である。土・日曜、祝日なら、アニメやゲームの聖地・秋葉原《あきはばら》や、老舗が軒を連ね再開発も著しい日本橋などにも立ち寄れるのだ。

観光バスではなく一般の路線バスだから、料金はほかの路線バスと同じ一律二百十円。車内などでは五百円の一日乗車券を販売しており、あちこち途中下車するのならお得かつ便利である。こうした系統は、二〇二〇（平成三十二）年の東京オリンピック・パラリンピックに向けて、インバウンドを意識した取り組みとして整備されるかもしれない。

# 第三章

# 新たな東京の姿が見える
# 都心と湾岸をゆく系統の不思議

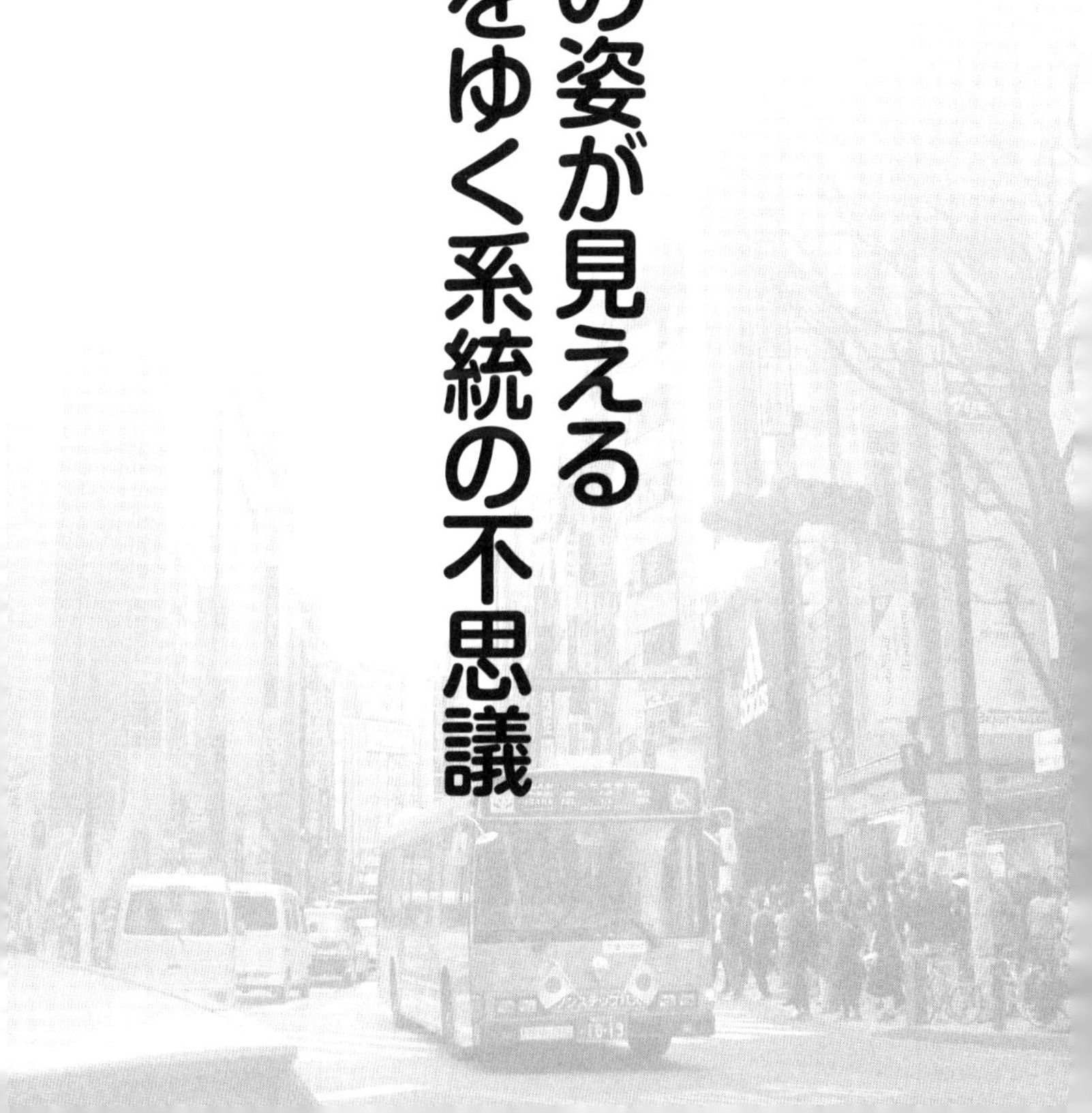

## 田87 ●渋谷駅前〜田町駅前

# かつて「1」を名乗った名門系統にはレトロカラーの車両が走る

渋谷から明治通りを経て、恵比寿《えびす》・白金《しろかね》エリアの住民の足となっている「田87」系統。渋谷駅と田町《たまち》駅を結ぶ系統で、昔から乗客数や収入も多く、沿線近くに地下鉄の駅が新たにできた今でも終日乗客が絶えることはない。

この系統の歴史は古く、一九二三（大正十二）年に民間のエビス乗合自動車の路線として設けられたのが始まりだ。当時は恵比寿駅〜田町駅間を結んでおり、戦前のバス会社の再編成（一三〇ページ参照）で東京市が継承すると、渋谷駅〜田町駅間の運行となり、一九四五（昭和二十）年の大幅な路線再編の際に、トップナンバーである「1」系統が付けられた。以後一度も経由地などが変更されることなく、現在に至っている。太平洋戦争下で次第に系統が廃止されていった中でも生き残り、戦後に真っ先に復旧した十二系統のうちのひとつでもある。

近年まで長く地下鉄空白地域だった白金地区を経て、北里《きたさと》研究所病院や聖心《せいしん》女子学院、慶應義塾大学などを経由するため、沿線住民以外の利用客も多い。経路は、かつて都電が運行していた都心の隙間を縫うように設けられ、昭和四十年代には北里研究所止まりの便がラッシュ時に運行されていたこともある。

この系統は、バス離れが加速したといわれる昭和五十年代ですら、バスや鉄道の経営状態を示す営業係数で五本の指に入る優良な系統だった。二〇〇〇（平成十二）年九月に、都営地下鉄三田線・東京メトロ南北線の白金高輪《しろかねたかなわ》駅が開業して以降、乗客減が指摘されているが、それでもラッシュ時の便数削減程度で乗り切り、現在も日中で毎時十便近く運行されている。

注目したいのは、その歴史や運行便数の多さだけではない。「田87」系統を管理する渋谷営業所には、都バス九十周年の際に登場した記念復刻塗装車が在籍している。当時の都知事の苗字にちなんで名付けられた「美濃部《みのべ》カラー」（白に濃い水色帯のデザイン）、鈴木カラー（黄色と赤色のデザイン）で、運が良ければこの系統で利用することができる（一六〇ページ参照）。

このほかにも、復刻ラッピング車にお目にかかることも多いので、バスに乗り込む前にぜひ、車両の外装もチェックしてもらいたい。

## 学03　●渋谷駅前〜日赤医療センター前

# 制服姿の学生があふれる いくつもの学校を経由する通学系統

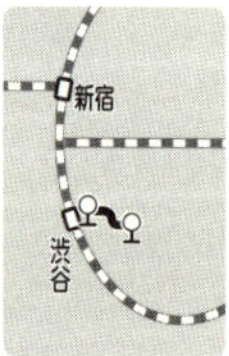


渋谷駅東口に発着する「学03」系統。平日のこのバスは、制服姿の学生をはじめ、若者がたくさん乗り込んでくる。

沿線には青山学院大学、実践女子学園、國學院《こくがくいん》大學、東京女学館などの学校があり、終点には日本赤十字医療センターが建つ。日赤医療センターのそばには、附属の看護大学もある。まさに「学03」は、学生のための「学バス」なのだ。学生たちの通学を支える足だが、学生に限らず誰もが百八十円で利用できる（一三ページ参照）。

渋谷駅前から六本木通りに入ったバスは、左手に青山学院の高等部、右手に初等部を見ながら、渋谷四丁目の五差路で大きくカーブを曲がり、丘の上の学校が集中する地区へと入り込む。

この先、バス停の間隔が短くなり、中には次のバス停が車窓の先に見えているように感じるところも。実践女子学園の中・高等部と國學院大學に挟まれた道路を走る。「国学院

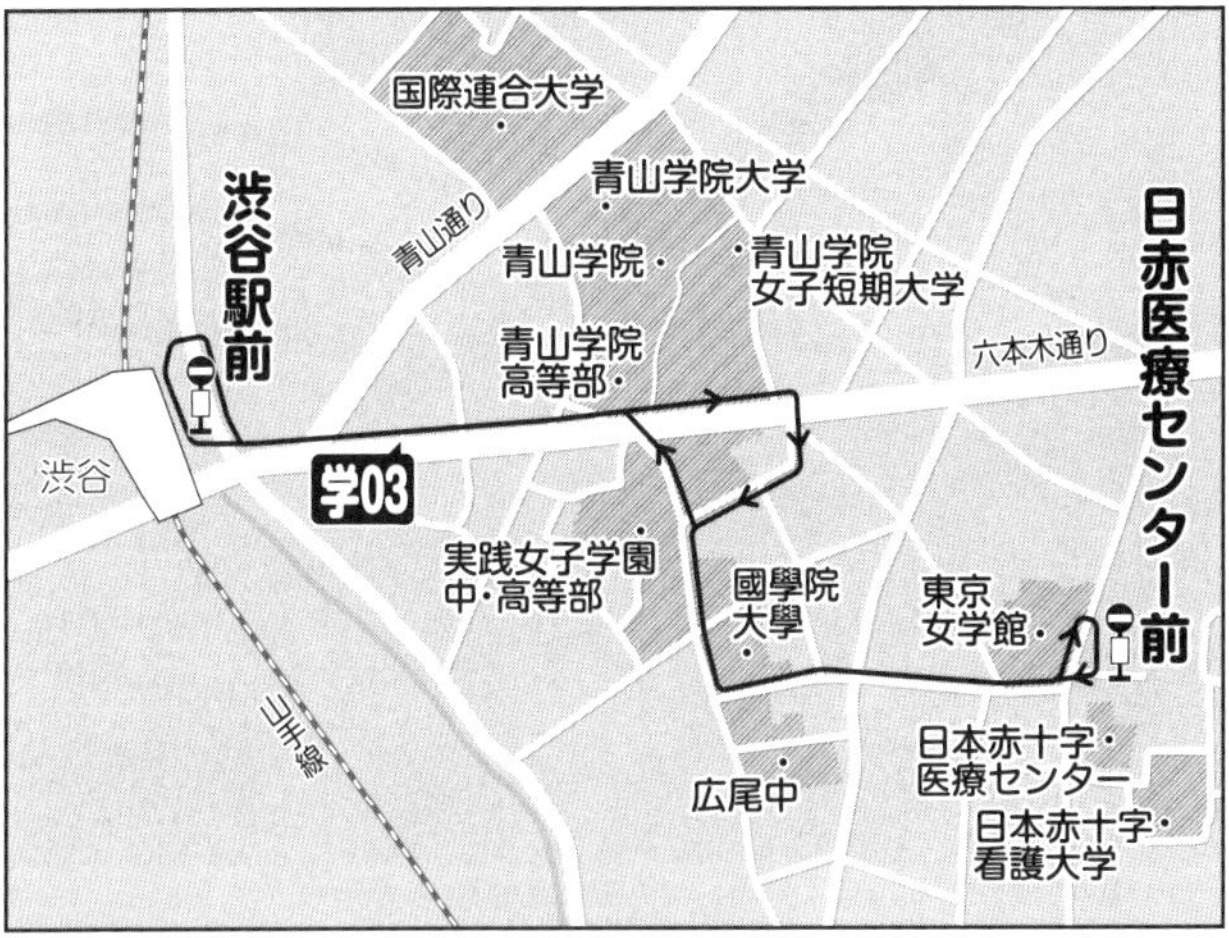


大学前」バス停で降りて少し歩くと、渋谷区郷土博物館・文学館があり、学生ならずとも、地域のことを学ぶことができる。

「東四丁目」バス停の坂を過ぎると、左手に東京女学館が建つ。俗に「ヤカタ」と呼ばれるこの学校の女子学生は、いつの時代も男子学生のあこがれの的だ。やがてバスは終点へ。ここでは学生ばかりでなく、日赤医療センターの利用者も降りていく。

「学03」系統の渋谷駅前バス停。渋谷再開発にあたり仮のバス停となっている

「日赤医療センター前」バス停は学生と一般の乗客で並ぶ列が異なる

## 駅と学校の間を結ぶ学生のための六つの路線

現在、都バスの学バスは「学03」のほか、「学01」（上野駅前〜東大構内、四一ページ参照）、「学02」（高田馬場駅前〜早大正門、七三ページ参照）、「学05」（目白駅前〜日本女子大前）、「学06」（恵比寿駅前〜日赤医療センター前）、「学07」（東大構内〜御茶ノ水駅前）が運行。いずれも毎日、学び舎へ向かう学生たちになくてはならない路線である。ちなみに欠番の「学04」は、かつて池袋駅と茗荷谷《みょうがだに》の東京教育大学を結んでいた系統。後に東京教育大学が筑波《つくば》大学となり、茨城県の現・つくば市へと移転したため、廃止となってしまった。

## 渋66

### ●阿佐ヶ谷駅前～渋谷駅前

# 裏口から渋谷へアプローチ「渋66」の乗って残そう運動とは？

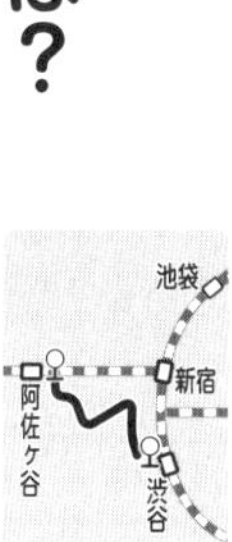


阿佐ヶ谷《あさがや》駅から都心の西部を斜めに縦断して渋谷駅に至る、「渋66」系統。都バスと京王バスが共同運行する路線だが、かつては都バスが単独で運行していた。京王がまだ鉄道・バス事業の基盤が弱かった頃、自社交通網の利用を促すため、阿佐ヶ谷駅へのバスの乗り入れを画策。中でもこの「渋66」を、都心への主要なバイパスとして注目し、都バスへ共同運行を申し込んだのだ。四年に及ぶ京王の申し入れに都バスもついに折れ、一九五七（昭和三十二）年に共同運行が始まった。

しかし、平成に入ると渋滞による遅延が慢性化し、この路線も収支が悪化。一九九一（平成三）年には運行便数を、都バスは一日三十二便程度に削減、京王は廃止という方針を打ち出した。そこで困ったのは沿線の住民たちである。杉並区は東西の移動のための交通手段は充実しているが、南北になるとあまり整っていない。その中で「渋66」系統は区内を南北に縦貫するのに加え、沿線には区役所、社会教育センター（セシオン杉並）、ゆうゆう館（敬老会館）、福祉作業所といった公共施設も多く、これらを利用する区民の重要な足となっていたのである。

そこで、「何とか従来通りの運行を続けて」と署名活動が始まった。また、バス停には「渋66」系統の利用促進を記した立て看板まで設置された。そうした成果が実ったのに加え、杉並、渋谷区両議会の後押しもあり、京王は便数を半減にとどめ、都バスは現行の便数のままで運行を続けることになった。現在、都バス対京王バスの運行比率は、一対二となっている。

## のどかな街並みから渋谷の雑踏へ

この系統に乗車するなら、始発から二つ目の「阿佐ヶ谷南一丁目」バス停をおすすめしたい。バスを待ちつつ周囲のケヤキ並木を眺めていると、やがて並木の間を縫うようにして渋谷駅行きのバスがやって来る。そのたたずまいは、都内屈指の沿道風景といえるだろう。青梅《おうめ》街道から環状七号線、甲州街道（国道二十号線）を通り、初台《はつだい》から山手通りと幹線道路を走って来たバスが、富ヶ谷《とみがや》交差点の先からは一転、渋谷へ向かう旧道へと入る。まさに「渋谷を裏口から攻める」といった感じの経路がおもしろい。

松濤方面から109の前を通過して渋谷駅へと向かう「渋66」系統

「神山《かみやま》」バス停から右手の坂を上ると、今や高級住宅街の代名詞となった松濤《しょうとう》だ。この丘から渋谷方面へ歩くと、渋谷の繁華街がその名の通り、込み入った谷に存在していることを実感できる。

「渋66」系統の渋谷駅行きは、井の頭通りから一本西に入った通りを南進する。渋谷駅の近くながら閑静な神山から、東急百貨店本店に出て駅前へ向かうが、阿佐ヶ谷駅行きは違う経路をたどる。西武百貨店から井の頭通りを通るのだ。若者でごった返す通りの真ん中を、バスが割り込むようにゆっくりと最徐行で進む様子がおもしろい。窓越しに渋谷の活気を感じられる、都バスの名所のひとつだ。

# 早81

●早大正門～渋谷駅前～早大正門（循環）

## かつては「ホコ天」迂回がお決まり 若者の町・渋谷と原宿をゆく

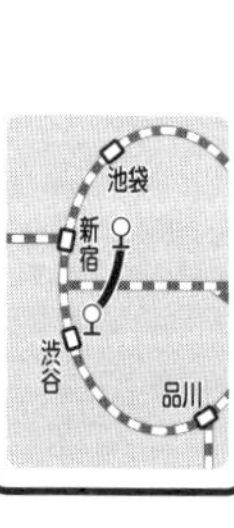


渋谷駅を出発したバスは、ほどなくして表参道を左折。明治神宮前の大きな擬宝珠《ぎぼし》を横目に右折した先に、屋根に緑のドームを頂いた北欧調の建物が見えてくる。若者で賑わう原宿駅だ。駅の向かい側は、竹下通り。今も昔も若者文化の中心地として知られ、世界中から観光客が訪れる。

「早81」系統は、渋谷駅の東西いずれのバスターミナルにも乗り入れていない。ハチ公前から交差点を北に渡った先のファッションビル・109《イチマルキュー》メンズ下の西口バス停か、宮益坂《みやますざか》下交差点を北に渡った渋谷東急イン前の東口バス停から乗車する。（平成二十七年四月現在、渋谷駅東口交通広場は改良工事中）

原宿駅を出たバスは、明治公園から外苑西通りに戻り、「四谷第六小学校入口」、「内藤町大京町」の各バス停に寄って、新宿通りを進む。ちなみに「内藤町大京町」バス停は、内藤町と大京町の境にあるためこういう名称になったとされるが、町名をつないだバス停名は珍しい。かつては「大京町」という名だったが、昭和四十年代にはすでに現在の名称になっていた。バス停名の読みは「ないとうちょうだいきょうちょう」となっている。

## ■見学スポットも多い「早81」沿線

渋谷駅を起点に四谷方向へ南北へとのびる「早81」系統は、電車で行きにくい場所を結んでおり、バスならではの利便性はあるが、乗客は多いとはいえない。日中はおよそ四十分おきなので、途中下車した場合は、後続便の時刻を確認しておいた方がいいだろう。

「四谷三丁目」バス停の二つ先、防衛省薬王寺《やくおうじ》門前の「市谷仲之町《いちがやなかのちょう》交差点」バス停で降りて、防衛省の敷地沿いを東へ歩く。防衛省市ヶ谷台では、一般向けに見学ツアーが実施されている。一九三七（昭和十二）年建設の旧一号館を移転・復元した市ヶ谷記念館や、極東国際軍事裁判（東京裁判）の法廷として使われた大講堂、三島由紀夫《みしまゆきお》の付けた刀傷が残る旧陸軍大臣室など、昭和史を眼で見て学ぶことができる。

「市谷仲之町交差点」バス停まで戻り、再びバスに乗車。バスはこの交差点を左に曲がり、東京女子医大病院方面へ向かう。一九九七（平成九）年までは、このバス停の北側にフジテレビの河田町《かわだちょう》スタジオがあった。現在その跡地は、マンションになっている。河田町、

趣ある原宿駅前を通過する唯一の都バス「早81」系統

若松町、喜久井町《きくいちょう》と、幅の狭い夏目坂《なつめざか》通りを進んでいく。終点は「早大正門」バス停。正門といっても、大きな門構えがあるわけではない。「無門の門」と称され、早稲田のオープンな精神を表しているといわれている。

都バスの中で、原宿駅前を通る唯一の路線がこの「早81」系統だ。しかし、一年のうち正月の三が日だけは、原宿駅前を通らず、神宮前一丁目（両方向）、表参道（渋谷駅方向）、神宮前六丁目（渋谷駅方向）に停車する。これは明治神宮の初詣客で、原宿駅前の道路が使えなくなってしまうためだ。ちなみに昔、原宿にホコ天があった頃は毎週迂回運行していたが、ホコ天が廃止されてしまった後は、迂回は三が日のみとなっている。

# 都03

## ●四谷駅～晴海埠頭
## 観光バスさながらの経路なのに都市新バスでは最も影が薄い？

四谷駅を出て、東京の中枢部を走り抜ける「都03」系統。一九八八（昭和六十三）年に「銀71」系統（新宿駅西口～晴海《はるみ》埠頭）が都市新バス（一四四ページ参照）に指定され、系統番号を改めた路線である。さらにさかのぼると、一九六八（昭和四十三）年の都電廃止の際に生まれた路線で、二十三区の中心部から湾岸エリアまでを一本でつなぐ、非常に重要な存在だったのだ。現在は皇居、銀座、築地《つきじ》、ベイエリアといった名所に行くことができ、路線バスながら観光バスに匹敵するコースとなっている。

四谷駅を出ると、通勤客をビルの谷間に少しずつ降ろしながら、新宿通りを東へ進む。正面に皇居半蔵門《はんぞうもん》が見え、内堀通りへ右折した「三宅坂《みやけざか》」バス停は、国立劇場の最寄り駅だ。次のバス停「警視庁前」からは、国会議事堂が近い。さらに進み、官公庁エリアから日比谷公園、商業ビルへと、車窓の街並みが変わっていく。

有楽町駅のガードをくぐった「数寄屋橋《すきやばし》」バス停で降りれば、〝銀ブラ〟も楽しめる。「数寄屋橋」バス停から「勝どき駅」バス停の間は、三系統のグリーンアローズ（一四六ページ参照）がすべて経由するので、途中下車しても先への足を心配することはない。「築地《つきじ》三丁目」バス停は、築地市場の最寄り。卸売市場の移転を控えて場外市場も変貌が著しく、商業施設「築地魚河岸」の建物も見える。

## かつてのイベントの聖地・晴海へ

国の重要文化財に指定されている跳開橋の勝鬨橋《かちどき》で隅田川を渡り、黎明橋《れいめいばし》で朝潮運河を越えると晴海地区。車窓は湾岸らしいたたずまいとなってくる。

やがて前方に見えてくる広大な敷地は、かつての東京国際見本市会場の跡。一九八〇年代、ここでは東京モーターショーや、通称「コミケ」と呼ばれるコミックマーケットが開かれていた。特に東京モーターショーは、入場者が百万人を越えるほどの盛況ぶり。当時は会場へのアクセスがバスのみだったた

「都03」が勝関橋を渡り晴海方面へ

め、都交通局では全営業所の予備車をかき集め、東京駅発を中心に臨時バスを多数運行していた。

現在は跡地に清掃工場が建つのみで、ここで開催されていた数々のイベントは、東京ビッグサイトや幕張メッセなどの会場へと移っていった。

東京のゴールデンルートを駆け抜けるため、花形路線に思える「都03」系統だが、意外なことに便数も乗客も少ない。見本市会場の移転後は乗客が減り、二〇〇〇（平成十二）年に新宿駅西口から短縮された後は、減便が続いた。新宿に一本で行けることに価値があったのだろう。古くは大幹線だったことを思うと、やや寂しい気がする。

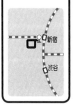

## C·H01

### ●新宿駅西口〜都庁第一本庁舎〜新宿駅西口（循環）

# 西口地下通路や駐車場も走る都庁利用者のための系統

新宿西口の東京都庁舎を新宿駅から結んでいるのが、「C・H01」系統だ。循環路線となっており、起点・終点である新宿駅のほかに、バス停は三つのみのコンパクトな系統である。都庁への足となっているほか、都バス屈指の短い系統（一〇ページ参照）、運賃が割安な百九十円（一四ページ参照）など、なかなか個性の際立った系統である。アルファベットを用いた系統表記の「C・H」は「City Hall」、すなわち都庁の略だ。

始発は「新宿駅西口」バス停だが、地上ではなく西口地下広場のロータリーから出発する。中央通り地下道を抜けて、京王プラザホテルと都議会議事堂を左手に見ながら、都庁第一本庁舎へ向かう。この地下道を走るバスは、「C・H01」系統のみとなっている。

「都庁第一本庁舎」バス停を出ると、新宿中央公園前の交差点を公園通りへと曲がる。高さ二百四十三メートルと、新宿一の高さを誇る都庁第一本庁舎を左手に眺めながら、新宿中央公園南交差点をふれあい通りへ左折すると、まもなく「都庁第二本庁舎」バス停に至

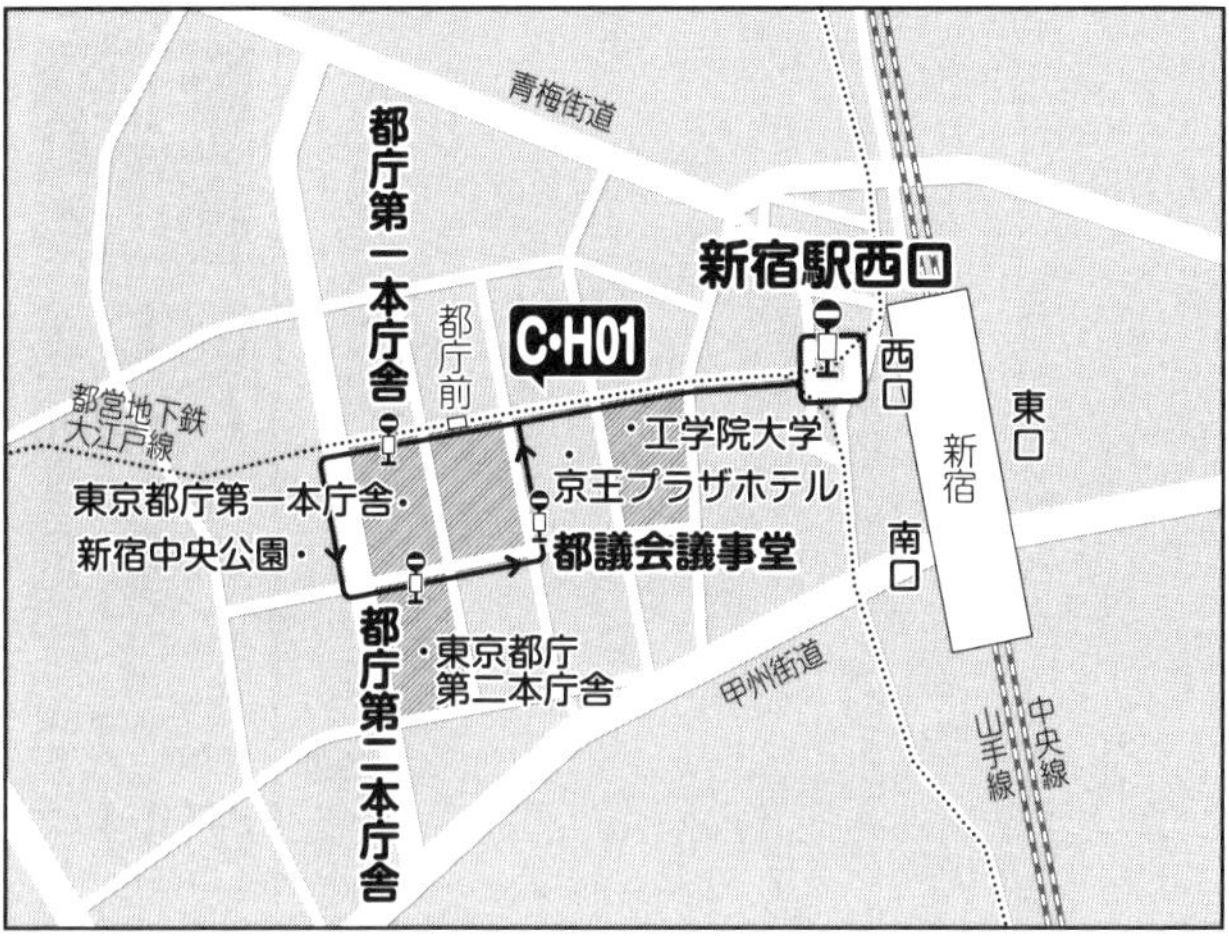


る。第二本庁舎はふれあい通りを挟んだ反対側に位置しており、庁舎へ行くには横断歩道がないので階段を上らなければならないのが、少々不便だ。

バスはふれあい通りを新宿駅方向へ向かい、京王バスの「新宿NSビル前」バス停の手前を左折して、大型バス駐車場へと進入することになる。

ここは有料駐車場で、運転手がリモコンを操作して入口ゲートを開閉させ、ゆっくりとバスを進める様子が珍しい。「都議会議事堂」バス停に到着すると、今度は駐車場の出口ゲートを開閉させて、中央通りの地下道へと右折。地下道を走り抜けると、再び中央通りを走って新宿駅西口へと戻る。

## 波01 出入

●品川駅港南口～東京テレポート駅前

# レインボーブリッジを渡る都バスで唯一の系統

都バスの路線図「みんくるガイド」は、都バスの営業所や、都営地下鉄の駅などで無料配布されている。広げると二十三区の地図の上に、カラフルなバス路線が書き込まれている。それぞれの系統ごとに、経由するバス停も細かく記載されているのだが、実はこの路線図にはすべての都バスの路線やバス停が記載されているわけではない。

「出入系統」（一六ページ参照）は路線図に載っていないものが多いが、中でもおもしろいのが「波01出入」系統である。通常の「波01」は、東京テレポート駅から青海地区へと向かう系統で、東京都の環境局がある埋立地を目指し中央防波堤に至る。それに対して「波01出入」系統は、お台場海浜公園やフジテレビ側を回り、品川営業所から回送されてくるところを営業運転している系統である。

バスは、品川駅港南口《こうなんぐち》を出るとお台場へと向かう。フジテレビやアクアシティお台場の前を通り、船の科学館や日本科学未来館の方面へと進む。このあたりはお台場観光の中心

東京テレポート駅前から発車。行先表示には系統番号は出ない

橋を渡りきったループ部分を走るバスの車窓から、レインボーブリッジを望む

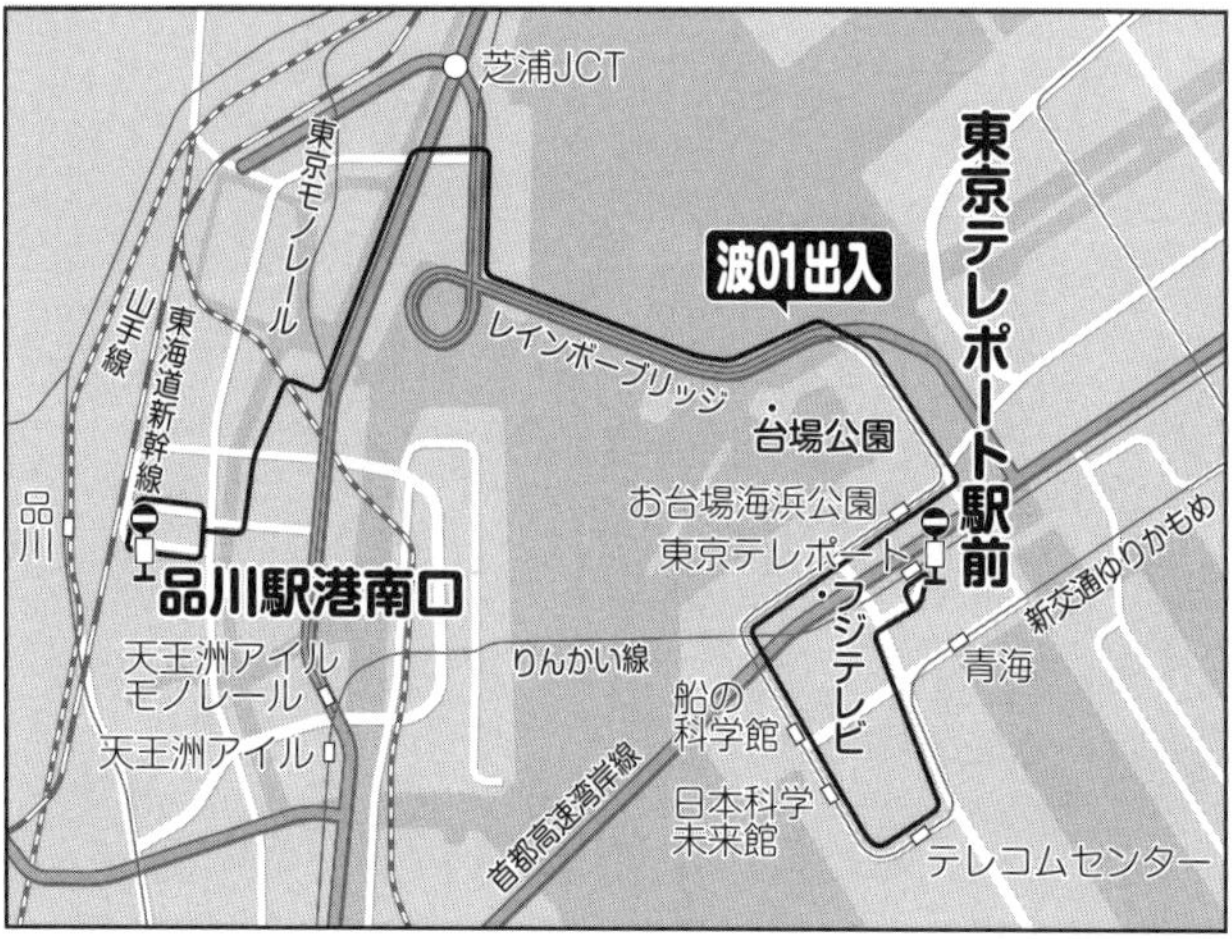


部で、多くの観光客を見かける。そしてバスは、東京臨海高速鉄道りんかい線の東京テレポート駅前へと到着する。

この出入系統が特徴的なのは、レインボーブリッジを渡って走ることだ。実は現在、レインボーブリッジを走る都バスは「波01出入」系統だけである。かつては「虹01」系統が、浜松町駅からレインボーブリッジを渡りお台場や東京ビッグサイトまで運行していたが、二〇一三（平成二十五）年に廃止されてしまった（二四ページ参照）。

特殊な運用であること、一日十便未満と非常に本数が少ないこと、さらに路線図には記載されていないことから、都バス屈指のミステリアスな系統である。

# 直行01

## ●大井町駅東口〜八潮パークタウン〜大井町駅東口（循環）

## 朝に走るノンストップ便は団地の通勤通学にフル回転

路線バスの運行形態には、その街の運輸事情が如実に映し出される。「直行01」系統も、そんな路線のひとつだ。区役所などを擁する品川区の中心地・JR大井町駅から、海に臨む大規模団地である八潮《やしお》パークタウンを結ぶ、ノンストップの循環路線である。平日の朝だけ運行され、最寄りの鉄道駅から離れた団地の通勤通学の足として重宝されている。

この系統は二〇〇〇（平成十二）年の都営地下鉄大江戸線全線開通に伴う改編で、「品91」系統の通勤特化系統として設けられた。一九八三（昭和五十八）年の八潮パークタウンの入居開始とともに品川駅・大井町駅とを結んで運行を開始したのが始まりで、現在の大井町駅側は、平日の朝は「直行01」と各停の「井92」が交互に発車している（ただし一部ルートが異なる）。

JR・東急・りんかい線が乗り入れ、賑やかな飲み屋横丁が広がる大井町駅東口を出発すると、池上通りや仙台坂トンネルを経て、一度もバス停に停車することなくひた走る。

京浜運河に架かる八潮橋を駆け上るように渡り、海上の「団地島」へと上陸。周囲が緑道公園になっているため、埋立地ながら自然が豊かな印象だ。

団地島に入ると、ようやくいくつかのバス停に停車しながら、団地内の中心地である「八潮パークタウン」バス停へ。商業施設や区の地域センターが設けられていて、乗降客数も多い。ここで下車して人道橋を渡ると、大井競馬場へ行くこともできる。循環する路線のため団地内には二回停車するバス停もあり、全部で十回停車した後に再び八潮橋を渡り、帰りは学校の最寄りのバス停を経由しながら大井町駅へと戻る。

駅から団地へ向かう客、団地から駅へ向かう客が入り交じり、朝の車内は特に混雑する。中でも「八潮南」バス停の前には、体育館などを備えた施設・こみゅにてぃぷらざ八潮があるため、試合や催事がある日にはさらに混み合う。限られた台数で乗客を効率よくさばくため、大井町駅に戻ると再び直行系統で八潮パークタウンに戻り、団地からの乗客を乗せていく。朝のみの運行のため、沿線住民でないとなかなか乗車の機会はないが、団地の輸送にフル回転し続ける直行系統なのである。

団地をバックに八潮パークタウンを駆け抜ける「直行01」系統

# 品93

## ●目黒駅前～大井競馬場前

# 通勤通学、免許試験、ギャンブル…客層バラバラの不思議系統

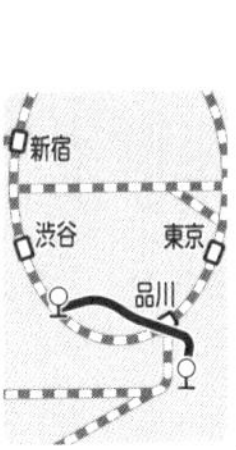


目黒駅と大井競馬場を結ぶ「品93」系統は、多くの乗客が利用する幹線であり、非常に歴史のある系統でもある。

目黒駅～品川駅の経路は、昭和初期に目黒自動車運輸が運行を開始し、一九四二（昭和十七）年に市バス（現在の都バス）に統合。品川駅～東品川の区間は、一九四〇（昭和十五）年に市バスが運行を開始し、目黒自動車運輸の統合後にこの二つの経路が合体した。都民の需要が高かったため、戦時中に市バスの路線が縮小・廃止されていく中でも生き残っていた。しかし、一九四五（昭和二十）年五月の空襲で運行休止となり、そのまま廃止となってしまった。

もともと需要の高かった路線であったため、戦後になるとかなり早い段階で復旧する。一九四七（昭和二十二）年には品川駅～東品川が、一九五二（昭和二十七）年には目黒駅～品川駅が運行を再開。さらに一九五三（昭和二十八）年には、当時の東京運輸支局があっ

た大井鮫洲《さめず》町まで経路を延伸した。また、一九五〇（昭和二十五）年に開場した大井競馬場の利用者のために、一九六一（昭和三十六）年には大井競馬場前まで路線は延ばされていった。

現在この系統は、通勤・通学をはじめ、さまざまな利用者がいる。昼間の時間帯でもおよそ七分間隔で運行しており、便数・乗客ともに非常に多い。目黒駅を出て白金台、高輪台を通り、品川駅高輪口へ至る途中には、明治学院大学などがある。さらに品川駅を過ぎると、都立八潮高校や都立産業技術高専などもあり、学生が多く乗り込んでくる。

また、東品川のあたりにはオフィスや工場などが集積しており、通勤客も多い。さらに鮫洲運転試験場もあることから、運転免許の試験や講習を受けにくる人たちも多数利用している。

## オケラになっても帰りは安心？

そしてもうひとつの利用者が、大井競馬場へと向かう観戦客。レースに臨むギャンブラーたちが乗り込んでくるのだ。ここで特徴的なのが、レース開催日の昼間は十七時三十分まで、トゥインクルレースなら二十一時三十分までに大井競馬場から乗車した場合に限

り、無料で利用できるというギャンブラーにありがたいシステムになっていることだ（一九ページ参照）。

大井競馬場でのレース開催は平日のみで、学校や会社も土・日曜は休みになることから、週末に「品93」系統を利用するのは、地元の人が多い。平日とはまた違った、のんびりとした空気が車内に流れている。「品93」は区間や日時によって、さまざまな顔を見せてくれる系統なのだ。

大井競馬場前で待機する「品93」系統。
レースがない日は人がまったくいない

## 品99

●品川駅港南口〜品川埠頭〜品川駅港南口（循環）

# 品川発の超短距離系統は都バス一国際色があふれている!?

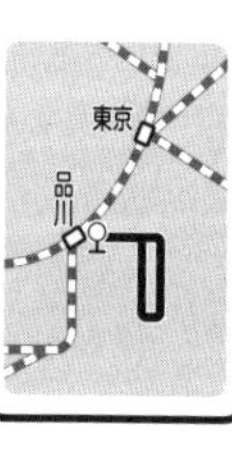


品川駅港南口のバスターミナルで、ほかの系統の乗り場とはちょっと離れた場所に、「品99」系統のバス停がある。ほとんどの乗り場は港南口を出て向かって正面、または右手側にまとまっているが、「品99」系統が発着する八番乗り場のみ、左手に進んだアレア品川というビルの前にある。乗り場へ向かう途中には、至るところに「東京入国管理局行き」の表示が見られる。

この系統は、品川駅を出て品川埠頭へと向かうのだが、途中にある東京入国管理局を、乗客の大半が目指している。そのため、利用者の大半は外国人。欧米系にアジア系など、さまざまな国籍の人々がバスに乗り込んでくる。利用者の利便性を考慮して、バス停には英語、中国語、韓国語などの案内が設けられており、運賃に関しては百円玉や十円玉のイラスト付きの説明も。平日の昼間でも座席はすべて埋まり、立っている乗客もいるほどの賑わいだ。

品川駅港南口を発車すると、大きなビルやマンションの間を走っていく。港南中学校の周辺などは、近年マンションが次々と建ち並び、沿線の住民も増加した。外国人に混じって乗っていた日本人客は、このあたりで降りる人が多い。

港南大橋を渡り、品川埠頭のある埋立地へと入っていくと間もなく、東京入国管理局が見えてくる。停車すると、外国人の乗客はほとんどがここで降りる。この先のバス停は、火力発電所や清掃工場、埠頭の倉庫などに勤務する人たちが多く利用している。

## 品川埠頭を巡る路線の劇的変化

「品99」系統が誕生したのは、一九六四（昭和三十九）年三月のこと。戦後の東京港拡張に伴って埋め立てられた品川埠頭を走る系統で、現在とは経路が違っていた。当時は「39」系統と称し、品川駅東口を出ると天王洲《てんのうず》アイルの近くを通り、南側から品川埠頭へ入ると北上して品川火力発電所を経て、終点の「品川埠頭」バス停へ至る路線だった。当時は品川埠頭の北側の港南大橋がまだできておらず、このような経路となっていた。

その後、周辺に都営住宅やマンションなどが完成するのに伴い、何度か経路が変更された。一九七四（昭和四十九）年に天王洲橋が架け替えられると、現在のような往復ともに

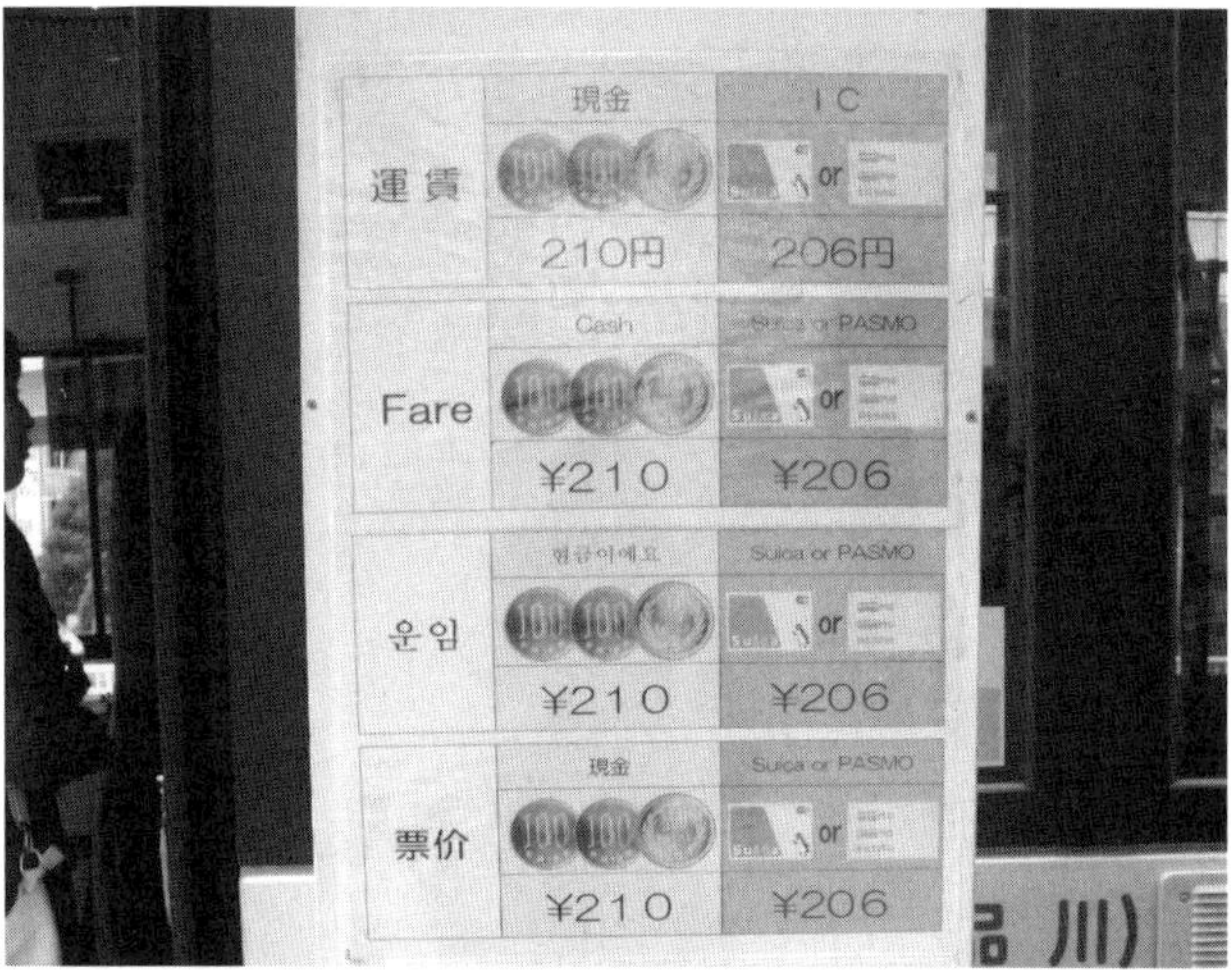

外国人の乗客が多いため、イラストで料金の説明をしている

港南大橋を通る経路となった。

　沿線の住民や品川埠頭へのアクセスのための路線が、外国人が多く利用する路線になったのは、二〇〇三（平成十五）年に東京入国管理局が現在の場所に移転してきたことによる。乗客数が一気に増加してしまい、臨時便を出すほどだったという。同年春には六分間隔に増便し、さらに翌年の二〇〇四（平成十六）年春には入管折り返しという、入国管理局利用者のための便ができ、五分間隔で入国管理局へ向かうバスが走るようになった。

　現在は平日の朝夕は三～四分間隔、昼も五～六分間隔で、入国管理局折り返しと品川埠頭循環が、交互に運行している。

# 橋86

## ●目黒駅前～東京タワー
## 高級住宅街をゆくバスは東京タワーへ向けて一直線

白金、広尾、麻布…。これらの地名を聞くと、高級住宅街やオシャレな街並みを思い浮かべる人が多いのではないだろうか。このような、東京でも屈指のハイソサエティな街を突っ切って走る系統が、「橋86」だ。

目黒駅東口のバスターミナルから発車すると、バスはすぐに左折して目黒通りを直進する。このあたりは白金台と呼ばれ、一昔前はマダム御用達のようなエリアとされていた場所だ。ディスカウントストアのドン・キホーテすら、白金台店は「プラチナドンキ」と呼ばれ、外観は白を基調とし、商品もお高めのものを入れるなど、高級路線をいくのだという。バスは広尾で細い道路へと入り、有《あり》栖《す》川宮《がわのみや》記念公園の脇を通って、麻布へと抜けていく。あたりは各国の大使館などもあり、外国食材を取り扱う店やオシャレなカフェが立ち並び、多くの外国人の姿を見かける。なんともハイソな雰囲気満載の路線だ。

都バスの各系統の経路は、戦前からのバスや都電などの路線を引き継いだところが多い。

しかし「橋86」系統の経路で、戦前にバスが走っていたのは広尾橋〜三軒家町《さんげんやちょう》（現・愛育《あいいく》病院）、二ノ橋《にのはし》〜赤羽橋《あかばねばし》ぐらいで、それ以外のところは戦後にこの系統ができて初めてバスが通ったのだという。この周辺にはいくつかの地下鉄の駅があるが、都営地下鉄三田線、東京メトロ南北線・日比谷線と路線が異なるため、駅間の移動が難しい部分がある。それらの間をジグザグと結ぶ都バスは、住民の足として重要な役割を果たしているのだろう。

この路線が開通したのは一九五七（昭和三十二）年で、当初は目黒駅〜新橋駅を結び、さらにその先の日本橋室町《むろまち》まで行って東京駅丸の内北口が終点となる、「71」系統という長い路線だった。三年後には日本橋室町までに路線が短縮され、やがて平日の渋滞の影響を考慮して目黒駅〜新橋駅折り返し運転も行われるようになった。二〇〇〇（平成十二）年に都営地下鉄大江戸線が開通すると、新橋駅〜日本橋三越部分をさらに短縮。当時、銀座や日本橋を貫く中央通りを走る唯一の路線だったが、それもなくなってしまった。その上、二〇〇六（平成十八）年には、大半の便が東京タワー止まりとなったのだった。

## 見えているのになかなか着かない東京タワー

「赤羽橋駅前」バス停のあたりまで来ると、ビルとビルの間から大きな東京タワーが姿を

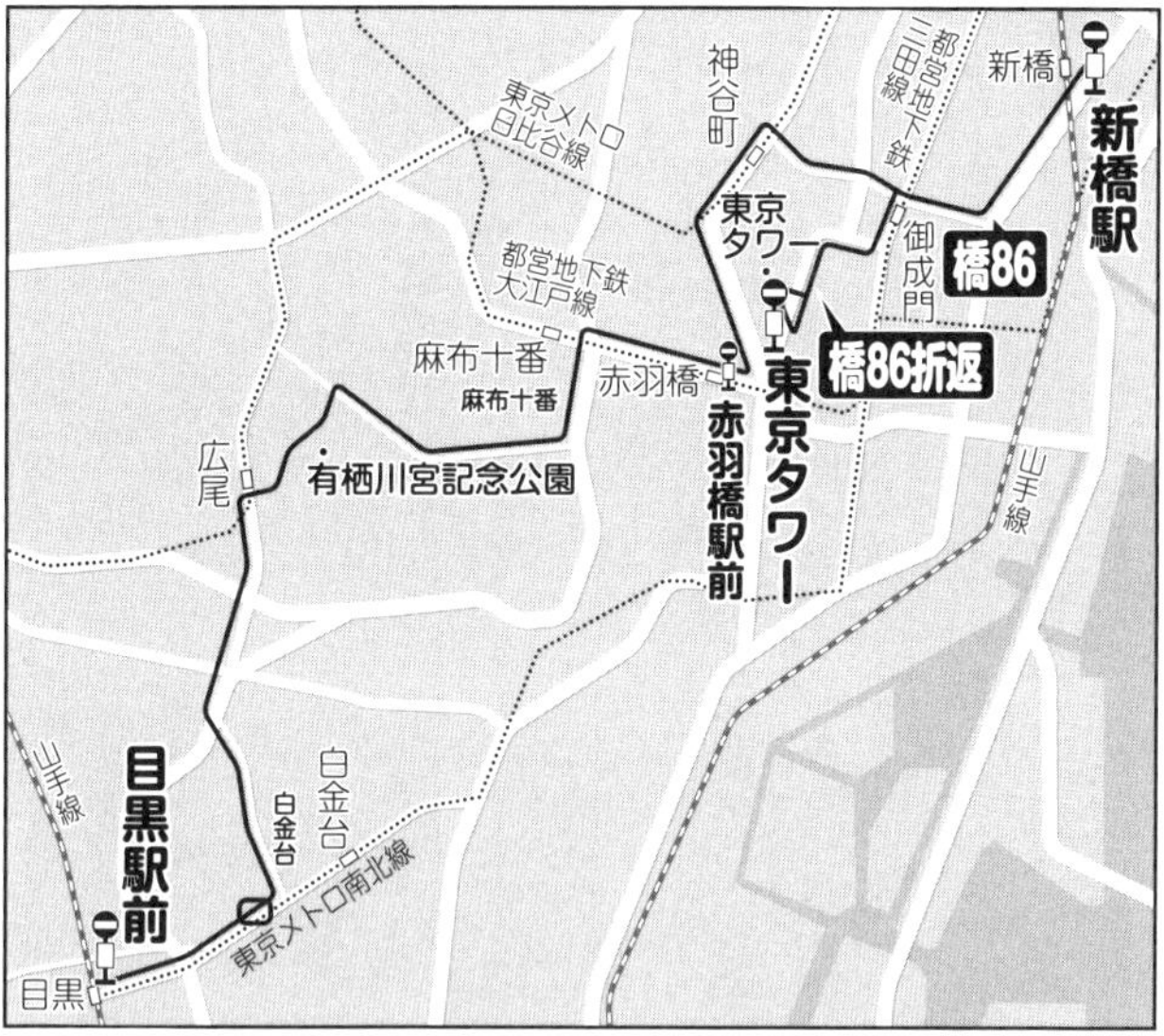

東京タワーのふもとで目黒駅方面への出発を待つ「橋86」系統

現わす。交差点を曲がり、高速道路の下をくぐると、東京タワーはいよいよ正面だ。赤羽橋の五叉路を右の方へ進めば、東京タワー下の入口となる。しかし、バスは左の道へ入っていく。正面に見えていた東京タワーは、再び周囲のビルに邪魔され車窓からは見えなくなってしまう。

バスはそのまま「東麻布一丁目」「虎ノ門五丁目《とらのもん》」のバス停を経由し、東京メトロ日比谷線神谷町《かみやちょう》駅や都営地下鉄三田線御成門《おなりもん》駅へと向かう。東京タワーのまわりをぐるりと大きく回り込むのだ。そして、芝公園と東京プリンスホテルの間の道を通って、ようやく東京タワーの構内へと入る。さんざん焦らされた後に、バスから降りて見上げる東京タワーは圧巻の一言である。

この系統は大半が、目黒駅発東京タワー行きとなっている。終点で時間調整をした後、折り返しの「橋86」系統となってタワー構内を抜け、再び同じ経路で目黒駅へと向かう。

しかし、平日、土曜の朝夕だけは、「橋86」系統は新橋駅行きとなる。御成門から東京タワーを経由せず、まっすぐ新橋へと向かう経路だ。そして、かつての名残なのか、この便数の少ない新橋駅行きが名義上「本線」とされているというのは、実に不思議なところである。

# 市01

●新橋駅前～築地中央市場～新橋駅前（循環）

## 魚河岸の買い出し御用達のバスはシートがビニール張りって本当？

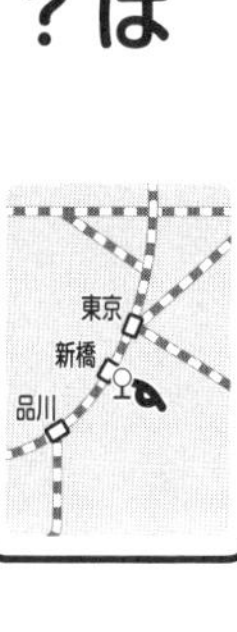


「市01」系統の朝は早い。系統名からもわかるように、東京の台所、築地中央卸売市場（場内）行きである。新橋駅から市場へ向かい、再び駅へ戻る循環路線で、朝五時台が始発で十七時台が終バス、月に三日ほどある臨時休市日も朝七時台始発という、早寝早起きなバスなのだ（朝八～九時台と臨時休市日は、行先が国立がん研究センターになる）。もちろん、市場が休みの日曜、祝日は運休となる。

平日の早朝六時頃、新橋駅銀座口に近いバス停には、すでに行列ができている。竹製の市場籠を提げたゴム長靴姿の人や、キャスター付きのクーラーボックスを引く人など、市場へ買い付けに行く客は準備万端といったいでたちだ。沿道には、朝日新聞社をはじめとした企業も立地するため、スーツ姿のサラリーマンも目立つ。

乗車して目につくのが、座席が全て水色のビニール張りであること。利用者の特性から、市場で買い付けた鮮魚の匂い移りや水濡れに対応して、簡単に水洗いができるようになっているのだ。運行時間のみならず、車両も市場専用というわけである。

## 乗車するなら早朝五～七時台がおすすめ

新橋駅を出発すると、昭和通り、海岸通りと、界隈の主要な大通りを走り抜ける。「浜離宮《はまりきゅう》前」バス停を過ぎて新大橋通りに入ると、車内や車窓にも築地が近いことがうかがえる。車内アナウンスで寿司屋の宣伝が流れたり、信号待ちする脇をターレー（ターレットトラック）がすり抜けていったり。左に朝日新聞社を見ながら市場前交差点を右折すると、そのまま市場の構内へと入っていく。ターレーや自転車、トラックが猛スピードで走り回り、段ボール箱が山のように積み重ねられていたりと、早朝の市場は人や車両や荷物でごった返している。

市場内には二ヶ所のバス停が設置されていて、中

築地中央卸売市場の正門をぬける。この様子が見られるのも移転まで

ほどが降車専用、出口近くが乗車専用だ。降車専用バス停で仕入れ目的の乗客を降ろすと、乗車専用のバス停へ進み、市場から帰る人たちを乗せる。彼らが仕入れた荷物を抱えてビニールシートの席に着くと、生魚の匂いが車内に広がる。帰路は国立がん研究センターや、塀に囲まれた銀座の高級料亭街を経由して、新橋駅へ。所要時間は約十五分、循環路線なので、築地市場で降りずにそのまま新橋駅まで乗り通すのもいい。早朝の便に乗ってぐるりと循環してみると、朝の市場の光景をバスに乗りながらにして堪能できるはずだ。

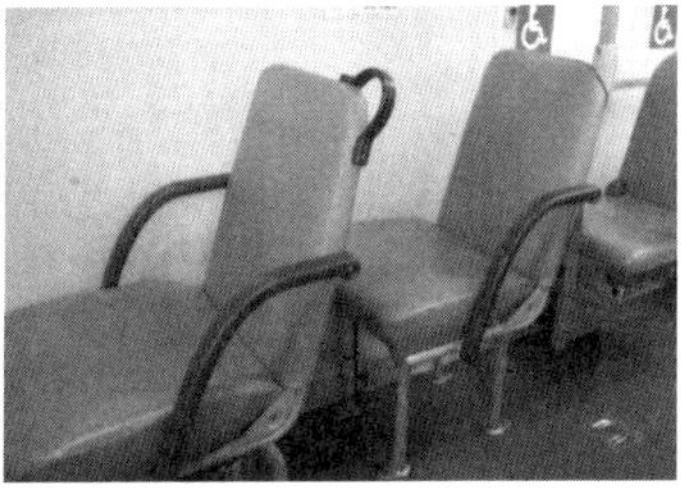
ビニールシートになっている座席。
「市01」系統でしか見られない

この系統は一九三一（昭和六）年に運行を開始した、有楽町駅～築地の魚市場を結ぶ「51」系統が起源である。一九三五（昭和十）年末に新橋駅も経由するようになり、戦時中に一度廃止されたが、戦後に「14」系統として復活。一九七六（昭和五十一）年に現在の経路に改められたのを機に、「市01」系統となった。長い間市場関係者の足となってきたが、二〇一六年（平成二十八）十一月の場内市場の豊洲《とよす》移転を控え、豊洲市場への延伸が予定されている。この個性的な系統が今後どのように発展していくか、動向が気になるところである。

# 海01

## ●門前仲町～東京テレポート駅前

# 時を隔てた東京の姿が見える下町から臨海部へと走る系統

その響きが美しい「海01」系統は、隅田川のたもとの門前仲町を出発し、系統名の通り、かつては海だったいくつもの埋立地を経て、お台場へと向かう。主にお台場方面への通勤通学の足として重宝されており、江戸情緒を残す下町から湾岸の近未来都市へ、まるで時代を大きくまたいで運行するような系統である。

現在の「海01」系統は、もともと運行していた同名の系統と、かつての「門19」系統が統合されたものだ。一九六四（昭和三十九）年に最初に運行を開始したのは、「門19」系統（当時は「19」系統）の方。現在のお台場エリアが整備される前に、有明《ありあけ》地区に初めて設けられたバス路線である。当初は東京駅南口～有明地区を結んでいたが、お台場一帯が埋め立てられて船の科学館ができたのを機に、「東19丁《てい》」系統（門前仲町～海上公園）が開設される。当時、お台場には船の科学館のほかに目立った施設がなく、利用者も限られていたが、ほかに公共交通がなかったために必要不可欠な系統だったという。一九七六（昭

和五十一）年には系統番号を「門19丁」に改めた。

一方、その二年後にお台場で「宇宙科学博覧会（宇宙博）」が開催されると、臨時の送迎バス「海01」系統（品川駅東口～海上公園）が運行を開始した。品川側から船の科学館へ行けるため、閉会後も運行の継続を求める声が多く、定期路線として定着。「海01」系統はすなわち、イベント輸送の臨時バスがルーツだったのだ。

その後の改編で「海01」系統が「門19」系統を吸収し、今に続く「海01」系統として統合された。ゆりかもめや東京臨海高速鉄道りんかい線の開通など、お台場の交通事情が改善されるごとに経路変更が行われ、現在の形

東京テレポート前に停車する「海01」系統。向こうにはフジテレビが見える

態に定着している。

## 湾岸開発でさらに活躍

近年は豊洲～東雲《しののめ》～有明地区の開発が進み、商業施設やマンションが整備されて沿線に暮らす人も多くなったことから、便数も増えている。高層マンションや大型商業施設が立ち並び、今も新しい建物が次々と建設されている様子が車窓から見える。

休日は、お台場観光の足として利用するのもいいし、魅力的な酒場が連なる門前仲町へ向かうのもおすすめ。二〇二〇（平成三十二）年には東京オリンピック・パラリンピックも控え、会場の最寄りを走るこの系統もますます重要度を増していきそうだ。

## 東22

●東京駅丸の内北口～錦糸町駅前

# 一日二百便！ビジネス街を走る日本有数の超繁忙路線

都バス最多の十八系統（北口と南口を含めて）が発着し、都市新バスも「都07」（一二〇ページ参照）など三系統が乗り入れている錦糸町《きんしちょう》駅前。隣駅の亀戸《かめいど》と並ぶ都バスの一大拠点だが、中でも屈指のドル箱路線が「東22」系統である。東京駅丸の内北口を出て東へ進み、門前仲町、木場《きば》、東陽町《とうようちょう》といった、東京メトロ東西線の各駅を経由しつつ永代《えいたい》通りを抜け、東陽町駅前で四ツ目通りを北上して錦糸町駅前に至る。

比較的長距離な経路を走るが、特に東陽町駅前～錦糸町駅前間の運行便数は非常に多い。平日には錦糸町駅前発の系統で最多の一日約二百便が運行されており、二分に一便という山手線顔負けの頻度で発車する時間帯もある。まさに、都バスのトップスターといえる系統だ。前身である都電の「28」系統も、一九六〇（昭和三十五）年には一日の乗客数が七万人を超えたこともあるなど、古くから破格の需要があったようで、都電からバスへ置き換えられてからも、走る経路も繁盛ぶりも変わらないのには恐れ入る。

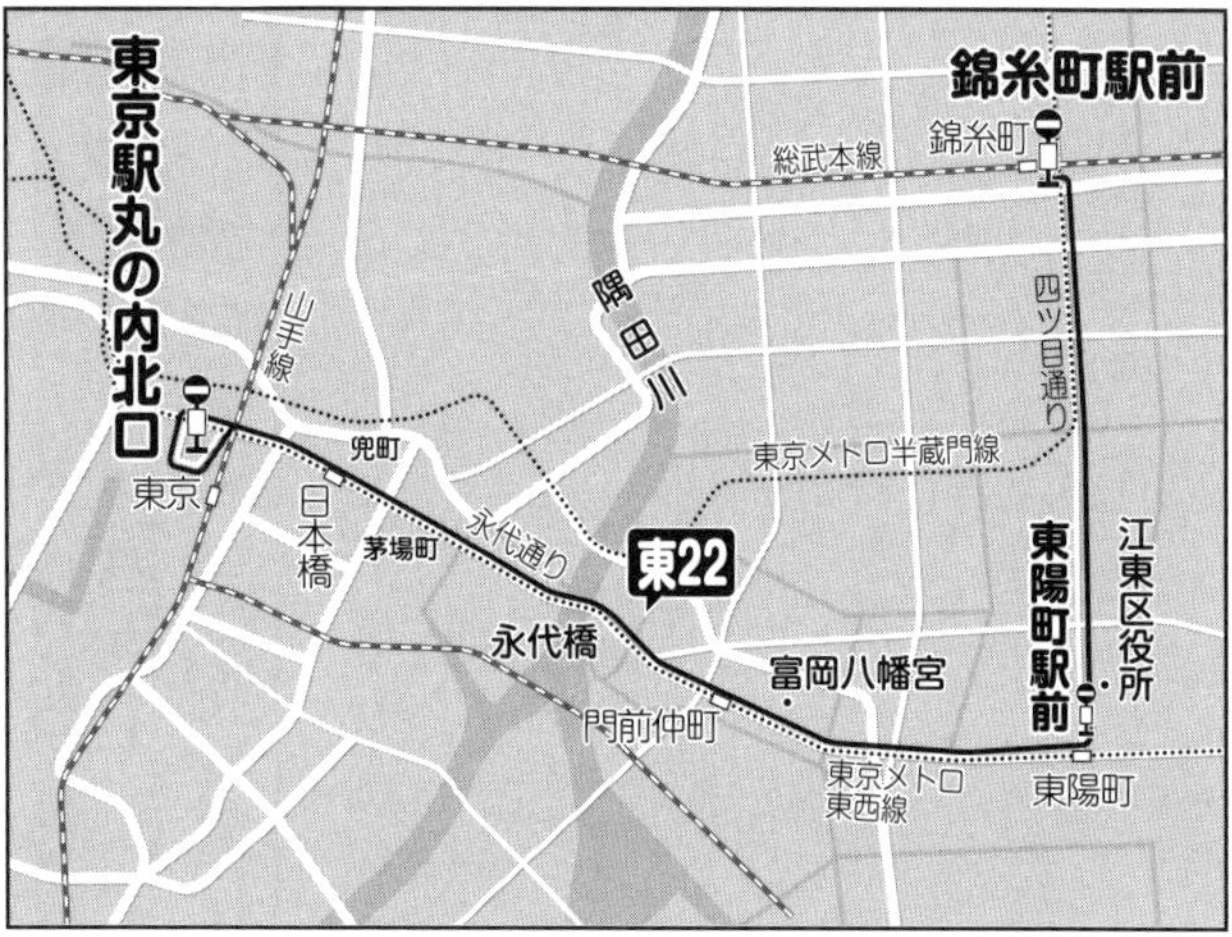


一方、東京駅〜東陽町駅前の区間は、東西線と並走していることもあり、次第に運行便数が減っている。

## オフィス街へ向かうビジネスマンも利用

しかし、都心のターミナルから城東エリアの一大繁華街まで、乗り換えなしで移動できる利便性は見逃せない。日本橋、兜町《かぶとちょう》、茅場《かやば》町《ちょう》などのオフィス街はビジネスマンの利用も多く、茅場町〜新川《しんかわ》にかけては花王やミツカンなどの有名メーカーのビルも見える。隅田川に架かる永代橋を渡ると深川で、車窓風景に下町色が濃くなってゆく。富岡八幡宮や深川不動尊、深川仲町通り商店街などの賑や

郵便はがき

お手数でも
郵便切手
をお貼り
ください

104-8233

東京都中央区京橋3-7-5
京橋スクエア11F

実業之日本社
「愛読者係」行

| ご住所　〒 |
| --- |
| お名前 |
| メールアドレス |

ご記入いただきました個人情報は、所定の目的以外に使用することはありません。
実業之日本社のプライバシー・ポリシー（個人情報の取扱い）は、
以下のサイトをご覧ください。http://www.j-n.co.jp/

お手数ですが、ご意見をお聞かせください。

| この本のタイトル | | |
|---|---|---|
| お住まいの都道府県 | お求めの書店 | 男・女<br>歳 |
| ご職業　会社員　会社役員　自家営業　公務員　農林漁業<br>医師　教員　マスコミ　主婦　自由業（　　　　）<br>アルバイト　学生　その他（　　　　） | | |
| 本書の出版をどこでお知りになりましたか？<br>①新聞広告（新聞名　　　　）②書店で　③書評で　④人にすすめられて　⑤小社の出版物　⑥小社ホームページ　⑦小社以外のホームページ | | |
| 読みたい筆者名やテーマ、最近読んでおもしろかった本をお教えください。 | | |
| 本書についてのご感想、ご意見（内容・装丁などどんなことでも結構です）をお書きください。<br><br>どうもありがとうございました | | |

このはがきにご記入いただいた内容を、当社の宣伝物等で使用させていただく場合がございます。何卒ご了承ください。なお、その際に個人情報は公表いたしません。

証券会社が立ち並ぶ兜町を通って錦糸町を目指す

かな商店街、そして界隈を縦横に走る水路を越えて、永代通りから四ツ目通りへ入れば、終点の錦糸町も近い。

四ツ目通りの東陽町駅前〜錦糸町駅前間は、鉄道空白地帯の扇橋《おうぎばし》や千田《せんだ》などを通るため、どのバス停でも多くの人が乗り降りする。二〇〇三（平成十五）年に東京メトロ半蔵門線が開通したが、この区間の運行便数が大きく減ることはなかった。利用客も運行便数もあまりに多いため、錦糸町駅前バスターミナルでは、同時に二台のバスが停車できるようにひとつの乗り場を独占していたり、バス誘導員が常駐していたりと、特別扱いされているほどである。

# 都07

●錦糸町駅前～門前仲町

## だんご運転が当たり前 都バス屈指の過密区間はどこ？

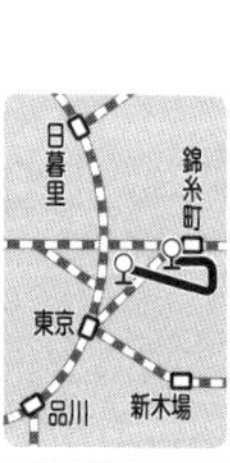


「都0X」という上一桁がゼロの系統番号は、当時の運輸省の後押しを受けた「都市新バスシステム」構想に基づき、一九八四（昭和五十九）年から一九九四（平成六）年にかけて整備された、都市新バス（一四四ページ参照）を表す番号である。

錦糸町駅前から門前仲町までをコの字を描くように結ぶ、「都07」系統もそのひとつ。都市新バスとなる前は「錦14」系統、さらに前は都電「38」系統（錦糸堀車庫前～亀戸駅前～境川《さかいがわ》～洲崎《すさき》～門前仲町～日本橋）だった路線で、現在も当時とほぼ同様の経路を運行する。都電時代の専用軌道は、現在は緑道公園として残り、「南砂《みなみすな》三丁目」バス停の前から始まる南砂緑道公園は東陽町駅前へ続いているため、途中下車して歩いてみると当時のたたずまいが感じ取れる。

錦糸町駅前を出ると、バスは京葉道路から明治通りへと折れて南下する。西側を並走する広い通りが、「亀21」系統（五〇ページ参照）の経路である丸八《まるはち》通りだ。それぞれの通

すぐ後ろに次の「都07」系統のバスが迫り、まさにだんご状態

りを貫くようにのびる砂町銀座商店街へは、どちらの系統でもアクセスできる。

さらに南下し、日曹橋《にっそうばし》交差点で右折して永代通りへと出ると、東陽町や木場などを経由。車窓に富岡八幡宮や賑わう門前の風景を眺めながら、終点の門前仲町へと至る。明治通りも永代通りも多くのバスが運行するため、慢性的に渋滞しがちで、二台続けて到着することも多い。しかし、運行便数が多いため、待たされる感覚は少ないといえるだろう。

現在は、運行開始当初のような専用車ではないので、都市新バスとしての特別感はあまり感じない。だが、二十三区の東側の主要なスポットを結ぶ、住民の重要な足として利用され続けている。

# 梅70

## ●花小金井駅北口～青梅車庫

## 都バス最長の運行距離を誇る路線は多摩地区の振興のために生まれた

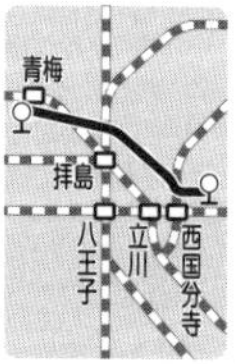


現在、都バスの中で最も長距離を走るのが、「梅70」系統である（一二ページ参照）。「梅70」系統の運行開始は、一九四九（昭和二十四）年八月。戦後復興期に郊外から都心部への直通需要が増し、多摩地域の振興を図るために設けられた。最盛期は阿佐ヶ谷駅から発着していたこともあり、四十キロ近い路線長を誇っていた。

さらに昭和四十年代半ばまでは、同じコースを急行で運行する「新宿駅～奥多摩湖」という系統もあった。急行とはいえ、当時でも三時間かかったという、異色のレジャー用長距離路線だった。

西武新宿線花小金井《はなこがねい》駅から青梅車庫までは、青梅街道ではなく新青梅街道を使う方が近い。しかし「梅70」系統は、青梅街道の方をほぼ忠実になぞりながら走る。沿線には昭和病院や武蔵村山市役所など、市民の生活に欠かせない施設も多い。そのため、全線を乗り通す客はほとんどおらず、東大和市駅、昭和病院、田無《たなし》駅前などの各バス停で、乗客の総

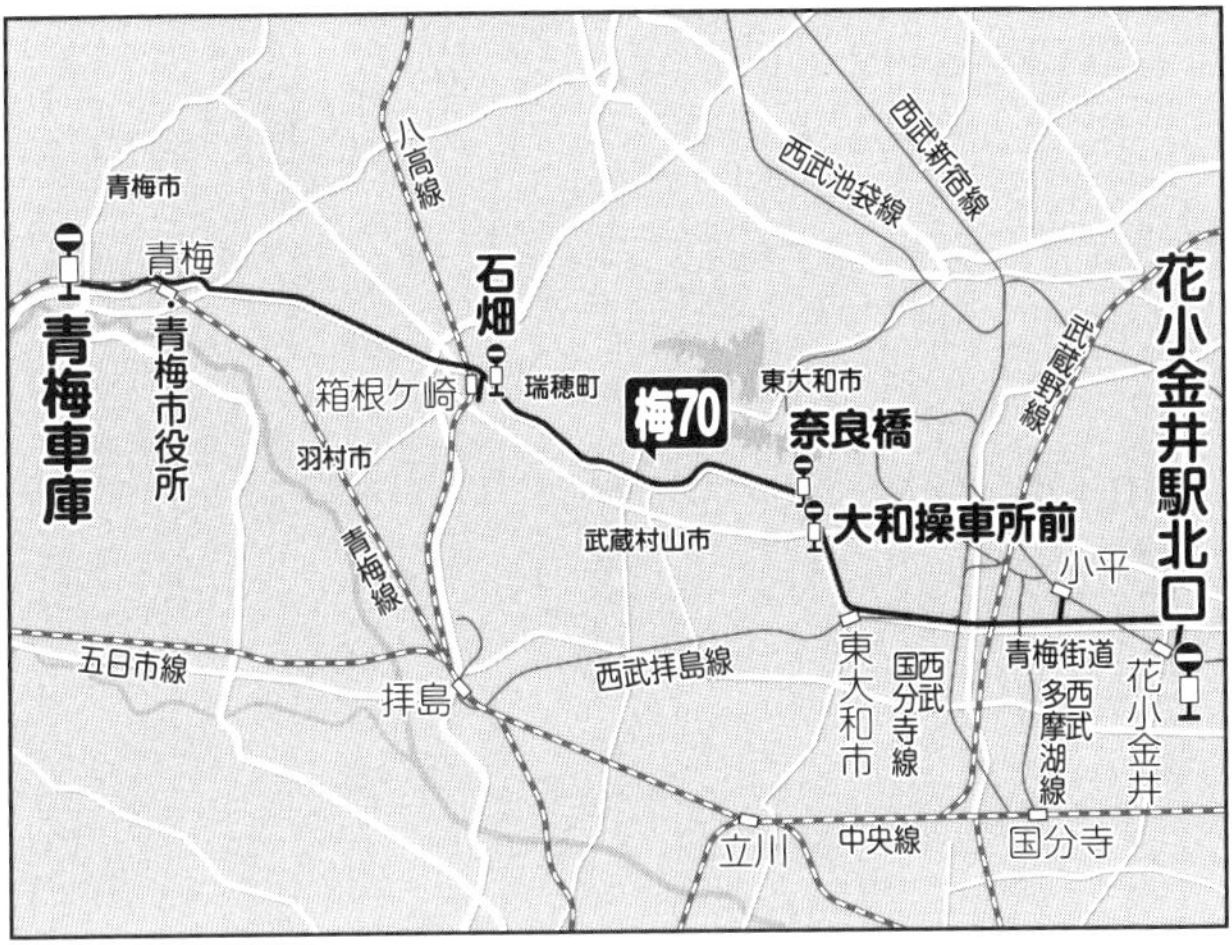


入れ替えといった現象が起こることも少なくない。

## 沿線ののどかな田園風景

始発である花小金井駅を出ると、バスは青梅街道駅前や新小平《こだいら》駅前、東大和市駅前などを経て、「大和操車所前」バス停に到着する。「東京都交通局青梅支所大和操車所」と書かれた、歴史を感じさせる木製看板が掛けられている。

そのまま終点の青梅車庫まで乗り、都内最長系統を制覇するのもいいが、途中下車してみるのもおすすめだ。沿線には見学や散策にぴったりなエリアが多数ある。

「奈良橋《ならはし》」バス停を過ぎると、やがて山並みが迫るようになる。武蔵村山北方の狭山《さやま》丘陵で、アニメ『となりのトトロ』の森はこのあたりの昔の風景がモデルになっているそうだ。青梅街道もだんだんと道幅が狭まり、沿道には農家の広い庭と緑の垣根が続く。

瑞穂《みずほ》町にある「石畑《いしはた》」バス停近くになると目立ってくるのが、ところどころに狭山茶の旗を立てた茶畑群。さらにバス通り沿いには、数軒のうどん屋が建っているのが見える。山梨のほうとうに似た強いコシの麺は、「武蔵野うどん」と呼ばれるこの地域の名物で、地元の人に親しまれてきた。

終点の三つ手前の青梅駅前で下車し、玉堂《ぎょくどう》美術館行きの「梅01」系統に乗り換えれば、御岳《みたけ》登山鉄道のケーブルカーにも接続できる。青梅駅を離れてしばらくすると、いよいよ車窓の景色は深い緑に彩られた山々がメインになってくる。三十分ほどで、御嶽駅前に到着する。

ちなみに、西東京バスのバス停やケーブルカーで使われる表記は、山の名前に合わせて「御岳」となっているが、ＪＲの駅名は「御嶽」。都バスはＪＲの駅名に合わせて「御嶽駅前」バス停と表記している。

## 第四章

# 都バスの歴史から知る系統の変遷のヒミツ

●明治〜昭和初期

## 震災による代替輸送だったバスが市電復旧後も廃止を逃れた理由は？

現在、東京二十三区内の至るところを走り、さまざまな地域を結び路線網が拡充している都バス。その始まりは実は、市電（現・都電）の代替交通機関だった。

明治初期の東京の市街交通は、軌道上の馬車を二頭の馬が引く馬車鉄道が主流だった。その後、電気が普及し始め、明治三十年代になると市街交通にも電車を走らせようという機運が高まってきた。まず一九〇三（明治三十六）年八月に、東京馬車鉄道から転身した東京電車鉄道株式会社が、それまでの馬車軌道に電車を走らせたのが、東京の市内電車（市電）の最初である。以後、計三社が市街に路線を延ばし、統合の後、一九一一（明治四十四）年に市営化されて、現在の東京都交通局の前身となる東京市電気局が発足した。

その後、市街に百五十キロ余りの路線網を確立し、市街の重要な足として定着した市電だが、一九二三（大正十二）年九月一日に発生した関東大震災により、大きな被害を受けてしまう。そこで東京市電気局は、翌年一月十八日より乗合バスの運行を決める。これが市バス（現・都バス）運行の始まりである。もっとも、あくまで市電復旧までの代替交通機関としてで、二路線・保有車両数四十四台から運行を開始、一日あたりの利用者数は約三万四千人だったという。

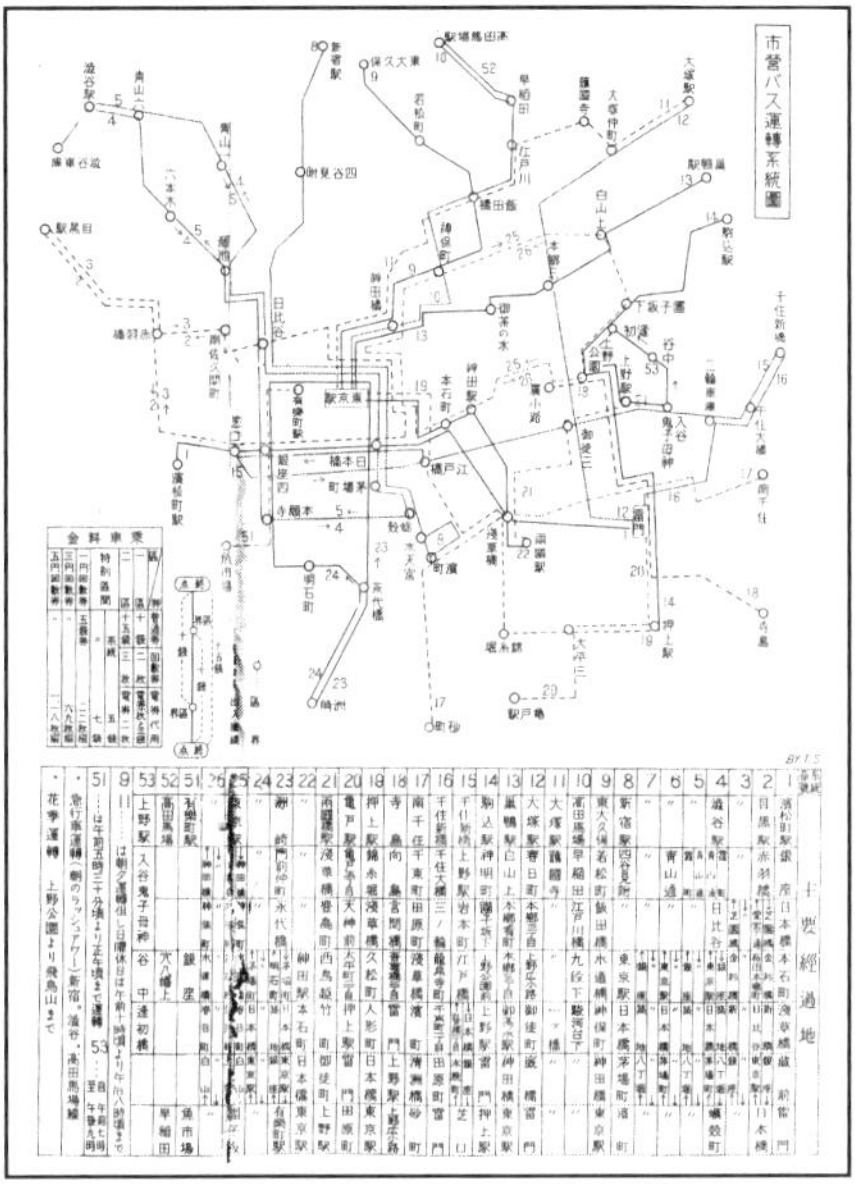

1932（昭和7）年当時の市バスの系統

翌一九二四（大正十三）年三月には、二十路線・八百台まで営業を展開していったが、同年六月に市電が復旧すると、それを受けて七月末にはお役御免となるはずだった。しかし、市民の足として定着していたことから廃止反対の声が上がり、七月二十六日に開催された東京市議会で存続が決定。以後、市バスは本格的に運行されることになるのである。一九四一（昭和十六）年には、営業所は九ヶ所、保有車両数は約二千台まで増えていた。

●関東大震災～第二次世界大戦前

## 都バス初期に導入された「円太郎バス」とは？

市バス（現・都バス）が関東大震災後の市電（現・都電）の代替交通機関として運行され始めた当初、導入された車両は、アメリカのフォード社のＴＴ型車両のシャーシ（車体のフレーム）に急造のボディを載せただけの、簡単なつくりだった。十一名の着席定員で、市民からは「円太郎《えんたろう》バス」と呼ばれていた。明治の落語家・橘家圓太郎《たちばなやえんたろう》が、市電の前身だった乗合馬車のモノマネをしたことから「円太郎馬車」という言葉が生まれ、その馬車に初代のバスが似ていたことから名付けられたという。

一九二四（大正十三）年七月に、市バスが継続的に運行されることが決まると、それまでの急造ボディのバスを本格的につくり直し、改造型のフォード車を使用するようになった。かろうじて車内で立つことも可能となったため、定員は十五名に増えた。また、乗車前にあらかじめ切符を購入しておく方式から、車掌が車内で料金を収受する方式へと、乗車の際のシステムを変更した。

初期に走っていた「円太郎バス」。急造ボディの車両で人々を運んだ
(写真提供：東京都交通局)

以後、市バスの車両はフォード社や同じアメリカのシボレー社、イギリスのウズレー社から輸入したものを中心としていたが、一九二四(大正十三)年には株式会社東京石川島造船所(いすゞ自動車の前身)で製造された、国産バスも購入していた。当時、国産バスは海外メーカーのバスを模倣して製造していた。その後、政府が国内産業の育成のため自動車生産を後押しすることとなり、一九三五(昭和十)年頃から国産バスの導入数を増やしていった。その結果、第二次世界大戦が始まる前には、海外からの車両輸入はなくなった。

ちなみに、部品までがすべて日本製の完全な国産バスの第一号は、「いすゞ」の名前が付いていた。

●第二次世界大戦中

# 戦時下の民営バス会社統合により都バスの路線網はどう変わった？

開業から徐々に車両や路線を増やして規模を拡大し、一大事業者となった東京の市バス（現・都バス）。当時はほかにもいくつかの民営バス会社が、東京市（当時）内で営業していた。しかし、これらのバス会社は一九四二（昭和十七）年に、市バスに統合されてしまう。それには、戦時中ならではの事情と当時の交通事業の状態が、背景として存在していた。

国内の戦時色が濃くなるにつれ、市バスの経営は行き詰まっていく。いくつか原因が考えられるが、中でも影響が大きかったのが、一九三八（昭和十三）年に行われた「燃料統制」である。前年に勃発した日中戦争がその契機で、統制の影響によるガソリンの値上がりに加え、軍事用での使用が優先されたこともあり、バスやタクシーなどの公共交通機関用の燃料の入手が難しくなっていった。木炭を燃料とした木炭バス（一五二ページ参照）が走り出したのも、その対策が一因である。

もうひとつの原因として、当時の東京市や近郊に鉄道やバス会社が乱立していたことも

169
**意外な真相？驚きの事実！**
## 裏も表もわかる日本史〈戦国編〉
誰もが知っているあの武将、あの戦の驚きのエピソードと舞台裏を、正史と対比して解説。石ノ森章太郎画の名場面と一緒に楽しめる！
加来耕三 著　石ノ森章太郎 画
ISBN 978-4-408-11023-3

134
## 新説 真田三大ミステリー
真田幸村の故郷・信州真田の郷で、真田三代にわたる新事実が続々と発見されている。謎多き真田三代の源流に時代考証家の著者が迫る。
山田順子 著
ISBN 978-4-408-10962-6

084
**知れば知るほど面白い**
## 朝鮮王朝の歴史と人物
イ・サンやトンイなどテレビドラマで人気沸騰の朝鮮王朝史。歴史的事件や人物の時代背景をわかりやすく解説。面白エピソードも満載。
康熙奉 著
ISBN 978-4-408-10899-5

129
**知れば知るほど面白い**
## 「その後」の三国志
孔明の死後から晋の樹立まで、三国志の「その後」には意外と知らないエピソードが多くある。壮大な歴史ドラマの本当に面白い最終章！
渡辺精一 監修
ISBN 978-4-408-45412-2

006
**知らなかった！驚いた！**
## 日本全国「県境」の謎
青森県が北海道にあった？富士山頂は静岡県でも山梨県でもない？26都県に県境未定地がある？日本最大の謎、県境に鋭く迫る快著！
浅井建爾 著
ISBN 978-4-408-10712-7

132
## 京都通になる100の雑学
**京都旅行が10倍楽しめる本**
寺社の「なるほど！」なエピソード、街角に潜む京都人だけが知る秘密、古都ならではの伝統の美味など、千年の魅力を紹介。
清水さとし 著
ISBN 978-4-408-00844-8

246
**地理・歴史・文化・鉄道 日本列島どこが一番？**
## あっぱれ！なんでも日本一100
自然、文化、市町村、歴史と、他ジャンルにわたって、気になる「日本一」を徹底調査。
浅井建爾 著
ISBN 978-4-408-33523-0

**JIPPI Compact**

020
**意外に面白い！簡単に理解できる！**
## 英語対訳で読む日本の歴史
「開国＝open the country」。中学英語で日本史を説明。知らないうちに英語がうまくなり、日本史が好きになる！
中西康裕 監修　Gregory Patton 訳
ISBN 978-4-408-10740-0

058
**流れがわかる！すんなり頭に入る！**
## 英語対訳で読む世界の歴史
世界史の基本が日本語と中学レベルの英語で読める！学習歴史マンガの第一人者ムロタニ・ツネ象氏のマンガも楽しめる。
綿田浩崇 監修　Lee Stark 訳
ISBN 978-4-408-10838-4

045
**伝えたい"ニッポンの心"！**
## 英語対訳で読む日本のしきたり
意外と知らない日本独自の慣習・ならわし・行事・作法…の由緒が明快な日本語解説と中学レベルの「対訳」英語でらくらく読める！
新谷尚紀 監修　Andrew P Bourdelais 訳
ISBN 978-4-408-10774-5

076
**ちょっとわかればこんなに役に立つ**
## 中学・高校数学のほんとうの使い道
日常生活での数学の役立ち方をわかりやすく解説しながら、数・公式の不思議な魅力をひも解く一冊。数学嫌いの人もスイスイ読める！
京極一樹 著
ISBN 978-4-408-45322-4

164
**いっきに！同時に！**
## 化学もわかる物理
エネルギーの概念や化学反応・分子構造など、化学&物理の共通項をやさしく解説しつつ、そこからそれぞれの学問の魅力を表現する。
京極一樹 著　手塚治虫 画
ISBN 978-4-408-45464-1

201
**マンガでわかる**
## 営業に向かない…と思っている人のための営業系心理学
「人付き合い」に関する誤解を解き、心理学のノウハウで営業力をアップ。全編ストーリー漫画。
渋谷昌三 監修　渡辺保裕 作画
ISBN 978-4-408-33514-8

014
**モタさん流「心のゆとり」のつくり方**
## 「もう疲れた」と思ったときに読む本
頑張りすぎて、無理を重ねていませんか？仕事、人間関係、健康、時間…心の余裕を取り
斎藤茂太 著

# 人気ランキングBest10

集計期間 2013/11 ～ 2015/10
自社調べ（書店のPOSデータより）

**1** 175 刑事ドラマ・ミステリーがよくわかる
ISBN 978-4-408-11042-4
## 警察入門
オフィステイクオー 著
刑事や鑑識、いろんな役職や組織、どこまで本当？ 階級や組織がわかれば警察ドラマを一段と楽しめる！

**2** 119 いっきに！ 同時に！
ISBN 978-4-408-10935-0
## 世界史もわかる日本史
河合 敦 監修
手塚治虫 画
日本が卑弥呼の時代は中国では三国志の乱世だった！…ほか、日本史を世界史との関わりをもとに、わかりやすく紹介。

**3** 191 地図・地名からよくわかる！
ISBN 978-4-408-33511-7
## 京都謎解き街歩き
浅井建爾 著
先斗町と書いてポント町？ 西陣・西院があって、東陣・東院がない？ 等、知ってそうで知らない謎に答えます。

**4** 199 タイプに合った動きで最大限の力が出せる
ISBN 978-4-408-33117-1
## 4スタンス理論
廣戸聡一 監修
レッシュ・プロジェクト 編
話題の4スタンス理論の提唱者が理論が生まれた背景、その内容を分かりやすく語る。

**5** 168
ISBN 978-4-408-33004-4
## 9割のゴルファーが知らない上達の近道
角田陽一 著
思うようにゴルフが上達しない理由をカラダの使い方、コースの攻め方、気持ちのつくり方から分析しストーリー化。

**6** 195 どう言う？こう解く！
ISBN 978-4-408-11079-0
## 英語対訳で読む「算数・数学」入門
マイプラン 編
Gregory Patton 訳
算数・数学の基本が英語で表現できて、英語で解ける入門書！

**7** 198 知れば知るほど面白い
ISBN 978-4-408-11080-6
## 地理・地名・地図から読み解く世界史
宮崎正勝 監修
地理に関わる40の「謎」から世界の歴史が大づかみできる本！ 4大文明から世界大戦後の現代まで、重要事項をもれなく解説。

**8** 136 いちばんわかりやすい
ISBN 978-4-408-10973-2
## 北欧神話
杉原梨江子 著
オーディン、トール、ワルキューレ、ロキ。極北の神々が迎える最終戦争とは!? 欧州文明の中に脈々と伝えられたキリスト教以前の物語。

**9** 140 むずかしい知識がやさしくわかる！
ISBN 978-4-408-10974-9
## 英語対訳で読む「経済」入門
大島朋剛 監修
Elizabeth Mills 訳
平易な英語と日本語の対訳で読める「経済」の入門書。知っているようで、きちんと説明できない経済のしくみが明快になる。

**10** 189 知れば知るほど面白い
ISBN 978-4-408-11068-4
## 戦国の城 攻めと守り
小和田哲男 監修
恐るべき策略と罠！ 強固な守りを誇った戦国時代の城をめぐる攻防戦を、城郭の構造、立地、攻・防両者の戦力などデータで読み解く。

274
## 「その後」のお殿様
**知れば知るほど面白い! 江戸300藩の歴史**

ISBN 978-4-408-45581-5

江戸から明治へと時代が変わる時、江戸300藩の藩主たちは
どのように新時代を迎えたのか?
意外と知らないエピソードが満載!

山本博文 監修

275
## 東武沿線の不思議と謎

ISBN 978-4-408-11159-9

東武鉄道の各沿線とその地域にひそむ不思議をひも解くとそこには思わぬ背景が!
読めば普段見慣れた風景が変わって見えてくる一冊。

高嶋修一 監修

273
**飛行機はどこを飛ぶ?**
## 航空路・空港の不思議と謎

ISBN 978-4-408-11160-5

飛行機の航路には「道」もあるし「通行止め」もある?
目に見えない空中に定められた飛行機のルールを知れば空の旅は一層楽しい!

秋本俊二 監修
造事務所 編

269
**マンガでわかる**
## 量子の黙示録

ISBN 978-4-408-11139-1

ストーリーマンガとして面白く読める量子物理学の入門書。
マンガを読むだけで最先端の物理学の知識がわかる。萌える物理学本!

広瀬立成 著
しょうっちくん 画

257
## 軍艦島 奇跡の産業遺産

ISBN 978-4-408-11146-9

40年前に閉ざされたままの軍艦島。
世界遺産「ではない」部分が醸し出す強烈な存在感を主軸に軍艦島とその生活を説く本。

黒沢永紀 著

254
**いっきに! 同時に!**
## 世界史もわかる日本史 <人物編>

ISBN 978-4-408-45559-4

河合敦 監修 手塚治虫 画

日本史と世界史の同時代に意外な人物たちが活躍していた!
えっ! 卑弥呼の登場は中国では「三国志」の時代って、ホント?

256
## 日本刀と武士
**その知られざる驚きの刃生**

今に伝わる名刀を実際に使用していた
武将の逸話とともに紹介。
日本刀と武士、それぞれの
驚きの刃生を紐解く!

二木謙一 監修

ISBN 978-4-408-45553-2

252
## 阪急沿線の不思議と謎

ISBN 978-4-408-45549-5

阪急電鉄とその沿線地域にひそむ不思議をひも解くと、
そこには思わぬ背景が! 読めば普段見慣れた風景が
変わって見えてくる一冊。

天野太郎 監修

247
**最新装備と自衛官のリアルに迫る**
## 自衛隊入門

ISBN 978-4-408-11124-7

ブルーインパルスはなんのため? 災害派遣、海外派遣、
日常の訓練の実際はどんな? 自衛隊の基本と
自衛官の姿をリアルに紹介。

宮本猛夫 著

実業之日本社 〒104-8233 東京都中央区京橋 3-7-5 京橋スクエア
電話 03-3535-4441(販売本部) http://www.j-n.co.jp/
【ご購入について】お近くの書店でお求めください。書店にない場合は小社受注センター
(電話 048-478-0203)にご注文ください。代金引換宅配便でお届けします。 2015年12月現在

挙げられる。会社が多過ぎることでかえって利便性が低下したり、競合の結果おのおのが経営難に陥ってしまうなどの弊害が起きていたのだ。そこで、燃料統制と同じ年に「陸上交通事業調整法」が制定される。交通事業者を整理統合して政策的促進を図るのが目的で、この法律に基づいて都心から三十〜四十キロの区域内の鉄道と軌道、バス会社が統合されることとなった。

しかし、法制度によるなかば強引な統合のため、統合後の経営形態がすんなりとは決まらなかった。すべての鉄軌道路線・バス路線網を市が所有して市営とする東京市の案と、特殊会社を設立して運営する民間会社主体の案が対立。最終的に、バス会社は地域を四ブロックに分けて統合の上、相互の連絡と規格統一を行うことが取り決められた。

それを元に、一九四一（昭和十六）年からブロック内の事業者の買収、統合が行われていった。東京市内にあった八つのバス会社（東京地下鉄道、王子電気軌道、大東京遊覧自動車、東京環状乗合自動車、城東《じょうとう》乗合自動車、東京横浜電鉄、京王電気軌道、葛飾《かつしか》乗合自動車）は、全線または一部路線を東京市電気局が引き継ぐ形で統合した。こうした動きは戦時体制下の国家総動員法による、国の統制の一環と思われがちだが、前述の通り、あくまでも電車やバス会社の乱立、および利便性の低下を防ぐためのものだった。

## ●昭和二十～三十年代
# 空襲にあった東京で終戦後に残っていた系統はいくつあった？

戦時中、空襲によって車庫やバスは焼けてしまい、終戦を迎えても使用できるバスの数はごく限られていた。そんな状況下で東京都交通局は、都電の復興とともに、バスの復興も推し進めていった。当時の東京は復員や引き揚げ、疎開先から戻って来る人々など、人口が増加の一途をたどり、都市交通の整備が急務だった事情が背景にある。

終戦間際の一九四五（昭和二十）年六月の路線の改編では、渋谷駅～恵比寿《えびす》駅～魚籃坂《ぎょらんざか》下～田町駅、堀ノ内～中野坂上～新宿駅、東中野駅～高田馬場《たかだのばば》駅～早稲田、練馬車庫～目白駅～江戸川橋、西新井橋～宮地～道灌山《どうかんやま》下、千住車庫～三ノ輪《みのわ》車庫、亀戸《かめいど》駅～白鬚橋《しらひげばし》～三ノ輪車庫、吾嬬《あづま》西九～寿町、亀戸駅～城東区役所～境川《さかいがわ》～洲崎《すさき》、三角《さんかく》～東荒川～亀戸駅～錦糸町《きんしちょう》駅、新田～葛西橋《かさいばし》～境川、月島通三～銀座四～有楽町駅～東京駅の、十二系統まで減らされた。戦後の都バスは、これらの系統から始まった。この中には、「田87」系統（八〇ページ参照）や「里22」系統（五三ページ参照）など、現在まで残る系統も多い。

終戦時に運行していた12系統

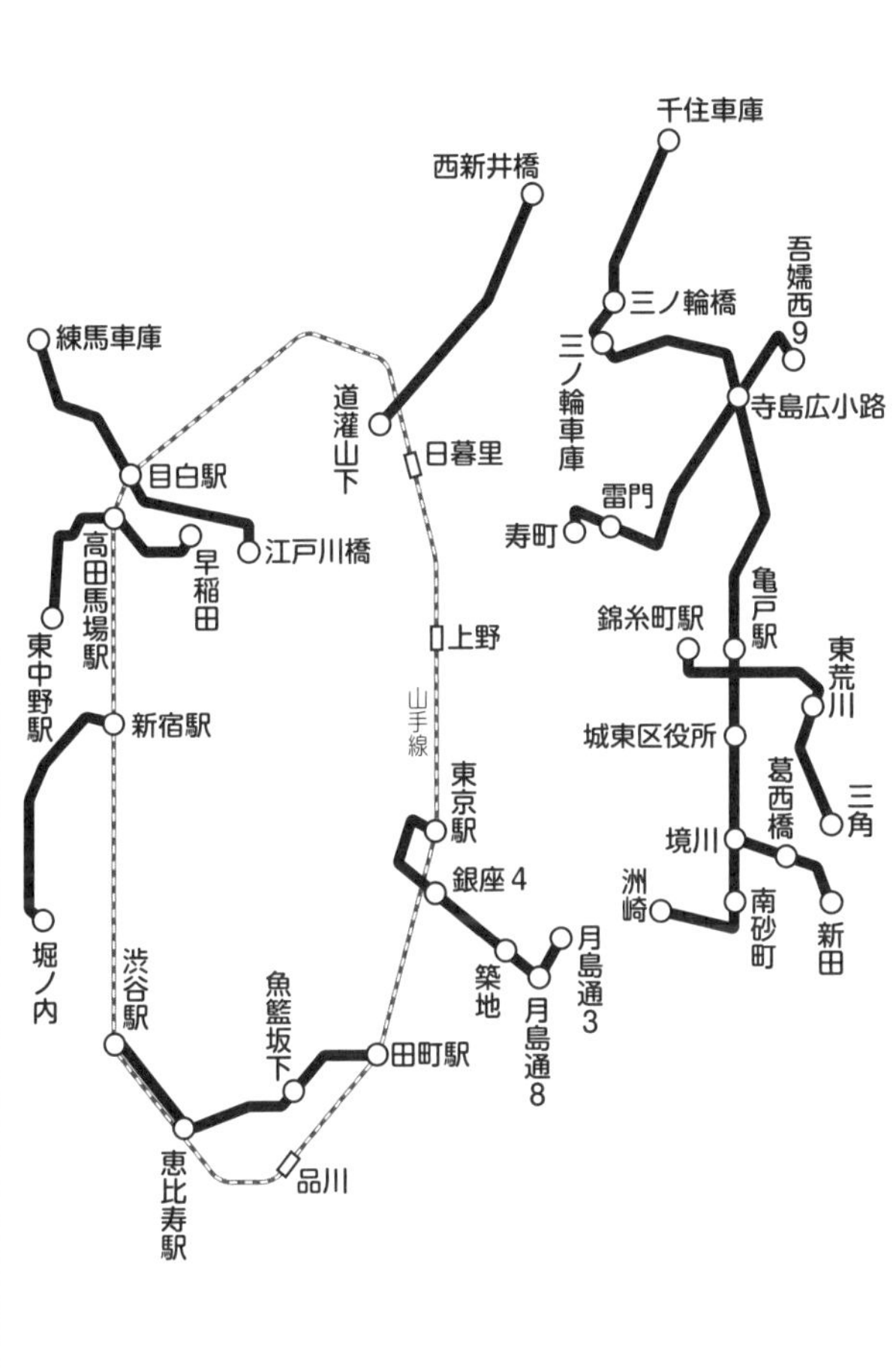

## 系統の整備とともに車両数も増加

しかし、問題は車両の不足である。都内のバス会社が一元化された一九四二（昭和十七）年には千九百八十一台保有していたが、終戦の時点で稼働に耐えうるのは百九十六台に。さらに一九四五（昭和二十）年九月には進駐軍の輸送手段として、都バスも徴用されてしまった。翌一九四六（昭和二十一）年に入って、都バスは本格的な復興の兆しを見せ始める。交通局は七十三台のバスを購入、同年三月には路線の改編により二十九系統まで増えたが、車両数はまだ少ない。ＧＨＱ（連合国軍総司令部）からの払い下げトラック（一五五ページ参照）などを利用しながら、都バスは徐々に車両数を増やしていった。

以後、都民の要望に合わせて徐々に車両数や路線を増やし、戦後からわずか五年後の一九五〇（昭和二十五）年には、戦前の輸送力まで復旧した。終戦時の一九四五（昭和二十）年には一日あたり十二万人だった都バスの利用客は、一九五五（昭和三十）年には五十四万人、一九六〇（昭和三十五）年には九十一万人と、百万人に迫る勢いで増えていった。バスの車両数も、一九四六（昭和二十一）年には九百六十台だったものが、一九六一（昭和三十六）年には千五百七十一台まで増えていった。

●昭和三十〜四十年代

# 都電と一緒にバス路線に生まれ変わった「トロリーバス」の廃止の理由とは？

昭和三十年代の高度成長期、日本は世界にも例を見ないスピードで経済発展をとげた。しかし、それに伴う交通量の増大に対し、道路整備などの社会資本が追いつかず、特に大都市圏では渋滞が慢性化。交通事故死亡者も増える一方で、その混乱ぶりは「交通戦争」とも称された。そんな、交通事情を改善する策のひとつとして、路面電車の順次廃止が俎《そ》上《じょう》に上った。道路の中央を占有して運行する路面電車を撤去し、交通渋滞を改善する考えである。一九七二（昭和四十七）年までに、荒川線を除いてすべて撤去され、廃止された路線の大部分はバスが引き継いだ。

そのため、当時の都バスによる都電の代替路線は、都電のルートをなぞる形で設けられたものが多い。中には路面電車のように、道路上で折り返すための転換が難しい場所もあり、都電よりも路線が短縮または延長されるケースもあった。

現在でも、かつての都電の経路を引き継ぐ都バスの系統が、いくつか残っている。渋谷

東京都交通局からのお知らせ

昭和46年3月

ながい間沿線のみなさまにご利用いただきましたが**3月17日**かぎりで次のとおり**都電を廃止**します。なお**代りの都バスを同一の系統に運行します**のでご利用くださるようお願いします。

代替バスは ワンマンバス です 全線一地帯 30円

| | | | |
|---|---|---|---|
| 16 | 大塚駅前 | 上野広小路 | 錦糸町駅前 |
| 19 | 王子駅前 | 万世橋 | 通三丁目 |
| 20 | 江戸川橋（代替は早稲田） | 上野公園 | 須田町 |
| 22 | 南千住 | 浅草 | 日本橋 |
| 36 | 錦糸町駅前 | 森下町 | 築地 |
| 38 | 門前仲町－日本橋を短縮 | | |



**廃止区間の都電定期券をお持ちの方へ！**

- 有効期間中はそのまま代替バスをご利用になれます。
- 期間満了後は引続き、都電と同額の**特定定期券**をお求めになれば**廃止後1年間に限り**代替バスをご利用になれます。**旧券・ご所持の定期券購入申込書**と窓口そなえつけの申込書をご提出ください。
- 払いもどしをご希望の方には、**電車各営業所、本局案内所**で取扱いをいたします。（使用中の定期券・定期券購入申込書・印鑑をご持参ください。）
- 都電回数券では、代替バスにご乗車できませんので、もよりの電車営業所、本局案内所で、都電・都バスの**共通回数券**と交換いたします。（4月6日まで）

お問合わせ 東京都交通局 電話二一六－一四一一

**お願い** ワンマンバス利用のさいは、つり銭のいらないように小銭か回数券をご用意ください。

都電廃止時の東京都交通局からのお知らせ。代替するバスの系統が案内されている

1968（昭和43）年9月29日までにすべてのトロリーバスが廃止され、都バスの路線へと姿を変えた（写真提供：東京都交通局）

駅から新橋駅を結んでいた「都電6系統」は、廃止により都バスの「506系統」に。さらに「橋89」系統と系統名が変わり、都市新バス（一四四ページ参照）の導入で一九八四（昭和五十九）年から「都01」を割り当てられ、現在に至っている。大塚駅から錦糸町駅までを走った「都電16系統」は、都バスの「都02」系統として存続している。これも都市新バスが導入された系統のひとつで、鉄道各社線を経由するため利用客が多い優良路線だ。

また、都電の廃止により不要になった車庫の跡地は、さまざまに利用された。現在、青山学院大学の前に位置する国連大学の敷地は、かつての都電青山営業所だった。大正時代頃までは運転教習所も設置されていて、車

庫の裏手には教習用の線路が引かれていた。

## トロリーバス路線も都バスが引き継いだ

都心の交通事情の改善を目的に廃止された公共交通は、都電だけではなくトロリーバスもである。トロリーバスとは、架線から電気を供給してモーターで走るバスのことで、法令上は「無軌条電車」とも呼ばれる。

東京を走っていたトロリーバスは、一九五一（昭和二十六）年に上野〜今井間に設置されたのを皮切りに、次第に路線を延ばしていき、最盛期には品川から五反田《ごたんだ》、渋谷、新宿を経て池袋へ、また池袋から王子、三ノ輪を経て浅草、亀戸に行く路線など、ほぼ現在の山手通りや明治通りを中心に沿って走っていた。電気で走るため、戦後は使用制限のあったガソリンや軽油に依存せず、また路面電車よりも建設費が安いということで、一時は都市交通の花形としてもてはやされた。しかし、電気を取る架線を必要とするため路線を柔軟に設定できず、メリットを活かせないまま都電廃止と同時期に廃止された。

現在もトロリーバスの路線を受け継ぐ、都バスの系統として残っているのは、池袋と新宿、渋谷を結ぶ「池86」系統、池袋から浅草までを結ぶ「草64」系統などである。

## ●昭和四十年代～現在
# 地下鉄開通で整理された後も新たに生まれたり増便された系統がある?

昭和四十年代に都電の路線が次々と廃止になったのを受け、都バスの路線網が整備された。都心の交通手段として後を担った形だが、さらに時代が進むと地下鉄の路線網が次第に整備され、今度は都バスが影響を受ける側となる。昭和四十年代以降、新しい地下鉄路線の開通により、並行する都バスの系統などは、逐次《ちくじ》運行経路が見直されてきた。

かつて品川から第一京浜～中央通りを抜けて、上野へと至った「都電1系統」は、都電の中でも最も古くから運行していた路線で、トップの番号からして当時の主要路線であった。都電の路線縮小方針を受けて、一九六七（昭和四十二）年に都バスに転換されると「501系統（当初は500系統）」を名乗り、品川から上野まで直通する系統として重宝された。しかし、東京メトロ銀座線と都営地下鉄浅草線が並行するため、一九六八（昭和四十三）年に浅草線大門《だいもん》～泉岳寺《せんがくじ》間が開業した影響を受け、翌年に廃止されている。

「水59」系統は、巣鴨駅から白山～文京区役所～水道橋を経て、一ツ橋を結んでいた都バスの路線である。かつての「都電35系統」の運行区間を転換して、一九六八（昭和四十三）年に運行を開始した。しかし、同年に都営地下鉄三田線の巣鴨《すがも》～志村（現・高島平《たかしまだいら》駅）が開業しており、後に巣鴨駅前から一ツ橋までに運行区間が短縮され、系統名も「水59」に変更。しかし、利用者減少に歯止めがかからず、二〇〇〇（平成十二）年には廃止の憂き目となった。

都営地下鉄新宿線による影響を受けたのは城東地区で、「東28」（東京駅北口～今井・浦安）は何度も改編して、現在の「錦28」（錦糸町駅～東大島《ひがしおおじま》駅）となった。また、新宿から市ヶ谷～九段下～小川町～岩本町を結んでいた「秋72」系統も、もとは「都電12系統」の代替路線で、一九八〇（昭和五十五）年に新宿線の岩本町～新宿の開業に伴い廃止された。

## 大江戸線開通でバス路線が大幅変更

近年で、都バスの路線に大きな影響を及ぼした地下鉄といえば、二〇〇〇（平成十二）年に環状部が開通した都営地下鉄大江戸線である。一部が大江戸線と並行する都バスの系統は大幅に見直され、廃止、短縮、減便などさまざまな措置がとられた。

新宿から牛込柳町《うしごめやなぎちょう》～飯田橋を経由して秋葉原を結ぶ「秋76」系統は、「都電13系統」の代替路線だったが、大江戸線開通とともに廃止となった。ところが一年ほど後、「飯62」系統が「秋76」系統の牛込柳町付近の一部経路を復活させる形で、運行を開始。「秋76」の廃止で、東京厚生年金病院を通る系統がなくなったことが問題化されたためだった。

また、清澄《きよすみ》通りを走る「門33」系統は、勝どきから両国まで経路の半分近くが大江戸線と並行していたため、開通時にかなりの減便となってしまった。しかし、その後も利用者が多いため廃止とはならず、近年は少しずつ増便されている。

二〇〇八（平成二十）年に開通した東京メトロ副都心線は、池袋から新宿三丁目を経て渋谷まで明治通りの直下を走るが、都バスの「池86」系統もまったく同じルートを運行する。この系統は、渋谷・新宿・池袋の東京屈指の繁華街を結ぶだけあり、利用者も便数もかなり多かった。他の地下鉄と並行するバス系統と同様、副都心線の開通後に減便されたが、利用者数があまり減らなかったため十ヶ月ほどで再増便された、珍しいケースである。

高速で大量輸送が可能な一方、地上と地下との移動があり、駅間が長めの地下鉄。路上のバス停から手軽に乗車でき、きめ細かく停車するが、定時制と混雑対応に課題が残るバス。それぞれに長所と短所があり、利用者も差別化していることがわかってきた。今後は地下鉄の新路線が開業した際、役割により共存させることも検討すべきだろう。

●昭和三十～四十年代
# 今やワンマン運転が当たり前のバスに かつては車掌さんが乗っていた？

バスがやって来ると、開いたのは前寄りではなく中央のドア。乗り込むと車掌が切符を売り、扉の脇の専用スペースに立って肉声で「次は～」と案内をする。一九六一（昭和三十六）年の都バス乗務員服務要綱によると、「車掌は、運転手との連絡を密にし、旅客には懇切に接遇し、自動車の進退合図並びに旅客運賃の収受及び乗車券の発売に従事するものとする」という文面が見える。一九六〇年代までは全国でおなじみだった、車掌の乗務によるツーマン運行だが、都バスでは割と後の年代まで見られた光景である。

都バス（当時は市バス）では大正期、女性車掌が活躍した時期があり、赤襟《あかえり》の制服だったことから「赤襟嬢」と親しまれていた。女性車掌には高等学校や裁縫女学校などを卒業した、当時としては高学歴の女性たちが応募してきていたという。まだまだ女性の職業が少なかった時代で、バスの

車掌さんが切ってくれた当時の切符

車掌は今でいう航空機のキャビンアテンダントのような、花形職業だったといえるだろう。

戦後になってもしばらくの間、都バスでは車掌が乗務していたが、一九六三（昭和三十八）年末から実施されたワンマン運行に対応して、前扉や運転手の脇の運賃箱が設置されたバスが導入され始める。一九六五（昭和四十）年の運行開始当初は短い系統のみだったが、急速にワンマン化が進み、あっという間に車掌は姿を消していく。一九七二（昭和四十七）年には九十六パーセントの系統がワンマン運転となり、路線が長い青梅《おうめ》地区の系統も一九七〇年代後半には導入が完了した。

ただし、車掌職が完全になくなったわけではなかった。都バスでは強制的な合理化を行わなかったこともあり、各営業所にはわずかながら車掌が残っていた。目黒・渋谷・新宿の三つの営業所には車掌職が全廃されるまで残っており、一九九〇年代に入っても車掌が乗務していたバス会社は全国的に見ても珍しい。

## 運賃回収に扉の開閉に大忙し

ところで車掌は乗務の際、どのような仕事をしていたのだろう。乗車したらまず前扉を「しめきり」、中扉脇を「出入口」の表示に差し替え、フロントの「ワンマン」の表示が隠されるかツーマンと表示されていることを確認。二人乗車であることを各所で示すことから始まる。この表示には車掌ごとに工夫をこらしており、目黒では使わなくなったヘッドマークを塗り直した「後のり」マークが、ひときわ目立っていた。

　車内では中扉近くの車掌台に立ち、バスが発車すると車内を巡回して、乗客からの運賃を集めて回る。受け取ると、車掌カバンからパンチ穴を空けた切符を取り出し、乗客へ渡す。運賃のやりとりが走行中となるため、乗降の際に支払う現在の方式と比べてスムーズな運行ができる利点があった。扉の開閉スイッチを操作するのも、重要な仕事のひとつ。車掌が乗車している際は、乗客が「次、停まります」のボタンを押しても光らないようになっているため、降りる客の申し出を受けてドア操作する仕組みになっていた。

バスの正面には「後のり」の表示。
車掌のいる中扉から乗車した

　車掌職は一九九一（平成三）年四月で廃止となり、最後まで活躍した九名の女性車掌は、その後、定期券発売所などに移っていったという。なお、その後も上野〜浅草などに運行していた二階建てバスは、例外的に二人乗務を行っていた。

●昭和四十年代～平成

# 快適な高級車両の都市新バスはどうしてなくなってしまった？

前面に金属製のヘッドマークと「グリーンシャトル」の愛称板。車内では「本日は都営バス『グリーンシャトル』をご利用いただきまして、ありがとうございます」の放送。系統番号は「都01」と、上一ケタがゼロなところにちょっとした特別さを感じる。この「都0X」の系統番号が、「都市新バス」の証である。

「都市新バス」は、約四十年前の路線バスの運輸事情から生まれた、当時から見ての次世代型路線バスといえる。一九七〇年代の都市部のバスは、渋滞による定時性の低下、それによる利用者と本数の減少という悪循環が続いていた。そんな状況下、利用者のバス離れを食い止め、魅力ある輸送機関として再生させることが、都市新バスの目的だった。

幅の広い中扉やツートンカラーで背の高い高級シート、当時はほとんどなかった次の停留所を表示する装置、カラーの行先方向幕（一八一ページ参照）。最新の装備を備えた専用車両の導入に加え、屋根や接近表示を備えたバス停や運行管理が可能なバスロケーショ

渋谷駅〜新橋駅間を走った初代の都市新バス「都01」系統

座席も当時としては特別仕様のものだった

ンシステム、バス専用レーンの設定といった、付帯するインフラも整備したことにより、利用者の増加につながり、縮小傾向だった都バスにとって明るい話題となった。都市新バスは結果として都バスのイメージアップに大いに貢献したのである。

## 九年間で次々誕生した八系統

当時の運輸省の補助金を使って、一九八四（昭和五十九）年にまず登場したのが、渋谷駅〜新橋駅を運行する「都01」系統である。この系統専用に、三十三台の新車が一気に投入され、後にフロントには立派なヘッドマークや愛称板も備えられるようになった。以降は独自の施策として、一九九四（平成六）年の「都08」系統まで順次、一般の系統を格上げし、系統ごとに愛称やヘッドマークが制定された。「グリーンアローズ」のみが三系統をまとめた愛称で、戦国武将・毛利《もうり》元就《もとなり》の三本の矢の故事にちなんだともいわれている。

都バスの先進性をPRする存在でもあった都市新バスだが、一般車のグレードアップや各系統への接近案内の整備とともに、特別感が薄れていく。加えてバブル崩壊後のコストダウン施策もあって、専用設備を備えた新車の導入は一九九八年度限りとなり、現在はすべて引退してしまった。以降は、ヘッドマークと愛称板の掲示が忘れられることも多く、系統番号の「都0X」が名残を示すのみとなっている。路線の環境も三十年近くたつと変わり、「都03」系統は短縮により本数は少なくなる一方で、「都05」系統は都心から有明方面の設定が年々増えて重要な幹線になってきている。

そのような変遷の中、東京都交通局は経営計画二〇一六で「新たなバスモデルの策定」を提案している。高齢者や訪日外国人にもわかりやすいバスとして、従来とは異なる専用のデザインの車両や新たな系統番号の導入、カラーLEDを用いた行先表示、車内に液晶モニターを複数設置して情報提供を多彩にする、など、新たな都市新バスといえるだろう。自動走行制御や、床面がフルフラットな新モデルも検討中とのことである。

●昭和三十年代～平成

# 遅い帰宅にありがたい深夜バスはいつから運行していた？

路線バスの一般的な運行時間帯は、遅くても二十一～二十二時ぐらいで最終というのがほとんどだろう。だから、ちょっと遅くまで残業したり、飲みに行って遅くなってしまうと、最寄り駅からのバスはすでに終了していることが多いのではないだろうか。近頃は夜型の生活が主流になってきたこともあり、都バスでも二十三時以降の深夜帯に「深夜バス」を運行するようになった。ありがたい存在だが、定着に至るまでにはさまざまな試行錯誤が繰り返されてきた。

都バスが最初に運行した夜遅い時間のバスは、一九六四（昭和三十九）年三月の四系統である。いずれも東京駅八重洲口を出発して、新橋駅や渋谷車庫、堀ノ内車庫、小滝橋車庫を結んでいた。ただし、これらは「夜間バス」と称したように、運行は二十二時台と「深夜」の時間帯ではなく、まだ地下鉄や都電なども終わっていなかった。そのため乗客数は伸びず、一年後には廃止となってしまった。

その後、一九六九（昭和四十四）年十一月に、再び深夜時間帯運行のバスが登場する。銀座を起点とした六系統で、江東区の辰巳団地や荻窪などのベッドタウンへ行く中距離路線だった。これらはタクシーの乗車拒否や、深夜の違法割増運賃対策の一環でもあり、都バスだけでなく民営のバス会社も協力の上での運行だった。

運賃は当時の一般路線が一区間三十円のところ、百円と三倍強だった。しかし、これらのバスも採算をとることは難しく、運行開始から四ヶ月後には辰巳団地行きが廃止。都バスが担当していた二系統は、五年ほどでなくなってしまった。

では、現在も走っている深夜バスは、いつから運行を始めたのだろうか。一九七〇（昭和四十五）年に、運輸省が「大都市周辺部の深夜バス輸送について」という通達を出し、都バスを含む各運行事業者に深夜バスの開設を促した。それを受け、民営バス会社は、一九八〇年頃から徐々に深夜バスの運行を開始。東京都交通局は遅れて一九八八（昭和六十三）年十二月に、再び深夜バスを走らせることとなった。このとき開設された四路線のうち、「深夜01～03」系統は今も運行している。

その中の「深夜01」系統は、渋谷駅と新橋駅を結ぶ路線で、六本木などの繁華街を経由。それまでの深夜バスの特徴である、駅と住宅街を結ぶ路線とは趣が異なった。一九八〇年

JR王子駅前で豊島五丁目団地への乗客を乗せる「深夜02」系統

代後半といえば、まさにバブルで日本中が浮かれていた時代。渋谷と六本木を結ぶ深夜の路線というところが、いかにもその時代を反映しているようだ。

　その後、数路線が廃止になったが、二〇〇八（平成二十）年には新興住宅地の王子駅からハートアイランド方面が、二〇一六（平成二十八）年には要望の強かった新小岩駅〜船堀駅が新たに開業し、現在は七系統が運行している。

## 知事肝入りの「終夜」バス

「深夜」バスとはいえ、せいぜい二十四時台には運行が終了してしまう。二十四時間運行し続けるバスがあると便利なのに、と思う夜型人間も増えてきたようだ。そんな需要を見越して、二〇一三（平成二十五）年の暮れから試験的に運行を始めた、「終夜バス」というバスがあった。祝日を除く金曜日の深夜に、渋谷駅～六本木駅を四往復する路線で、当時都知事だった猪瀬直樹《いのせなおき》氏が推し進めた施策だった。

運賃は当時の通常の深夜バスと同額の、四百円。その後、四百二十円に値上がりしている。一台のバスが往復しており、およそ七十分間隔で運行されていた。当初は高い話題性と、ちょうど年末の忘年会シーズンだったことから、一日三百人を超える乗客数となった。しかし、年明け以降は、七十～八十人程度だったという。利用者数が伸び悩んだのは、ほかの交通機関がまったく動いていない時間だったということに尽きるだろう。繁華街から繁華街へと渡り歩くのにはいいが、それ以外の地区への移動や帰宅のための接続の足がないため、利用する人が増えなかったのだ。

結局、二十四時間運行はわずか十ヶ月で終焉を迎え、二〇一四（平成二十六）年十月に廃止となった。廃止直前は、一運行あたり十人ほどにまで乗客数は減っていたが、最終運行日の十月三十一日はハロウィンだったこともあり、仮装の若者であふれる渋谷と六本木を結ぶ路線は、全便満員という有終の美を飾ることができた。

# 第五章

# 目覚ましい進化に驚く 都バスの車両と仕組みの謎

●車両の謎

# 戦時中に走った木炭バスとは？ エネルギー不足の救世主

一九三一（昭和六）年の満州事変以降、日本の軍国主義は国際的な批判を受け、孤立の道をたどることになる。一九三三（昭和八）年に国際連盟を脱退して以降は、燃料や物資の慢性的な不足に悩まされることになった。貴重なガソリンは軍が優先的に使うため、価格が上昇し、バスやトラックの燃料にすることがままならなくなってくる。そこで考え出されたのが、木炭《もくたん》自動車だった。

通常の自動車のエンジンは、シリンダー内にガソリンを噴霧して気化させ、爆発させて動力を得る。一方、木炭自動車は木炭を燃焼させ、発生した一酸化炭素から煤《すす》や灰などを取り除いたものが動力源となる。それにはガス発生炉が必要となるため、車の後部などに取り付けられたストーブのような大きな炉が特徴だった。ガス発生炉を必要とする以外は、仕組みとしてはガソリンエンジンとほぼ同じなため、改造して流用されることも多かったという。

## 維持管理が大変だった木炭ガスのエンジン

ガスを使うエンジンといえば、今でも天然ガスで走る車両などがあるが、木炭ガスを使うエンジンはそれに比べるととても手間がかかり、取り扱いも大変だった。第一に、起動するのが一苦労。木炭に着火して五分から十分程度で起動するはずが、木炭の積み込みや着火などに時間がかかり、一時間程度を要したといわれている。

起動はしたものの、安定した走行にはさらに手間がかかった。ガス発生炉で一酸化炭素を発生させるためには、木炭を不完全燃焼させなければならず、火力が強くても弱くてもいけない。そのため運転のペースを考慮しつつ、ガス発生炉の空気量を調節するための弁を、逐一操作する必要があった。調整が難しい割にガソリンエンジンに比べると出力が小さく、坂道を登れずに乗客が後ろから押さなければならない、などということもたびたび起きた。

さらに、ガス発生炉の煤や灰の掃除も大変で、エンジンメンテナンスにも手間がかかる。そのうえ猛毒の一酸化炭素が漏れ出し、車内に充満して中毒による死者が発生する事故もあったという。

戦時中に導入された木炭バス。車両の後部に木炭ガス発生装置が付いている
（写真提供：東京都交通局）

そうした使いづらさから、木炭ガスを用いたエンジンは軍用では使われず、コストも割高だったため民間でもなかなか使われることはなかった。しかし一九三七（昭和十二）年以降、日中戦争が激化するにつれて、燃料の高騰などで使用せざるをえなくなった。

一九三八（昭和十三）年には、市バス（現・都バス）に木炭エンジンのバスが導入される。エンジンを効率よく動かすため、急行運転を行い途中のバス停を通過するなど、運用面で工夫をこらしていた。

こうして、使い勝手が悪いとされた木炭バスさえも使用しなければならないほど、都バスの運行事情も含め、日本の経済状況は悪化していたのだ。

●車両の謎

## 二台のバスがドッキング！その名も「親子バス」

戦時中や戦後、東京都交通局のバス事業で悩まされていたのが、バス車両の慢性的な不足である。特に戦後は多くの車両が空襲で破壊されたため、運行に大きく支障をきたしていた。対策として、戦後日本に進駐してきたＧＨＱ（連合国軍総司令部）から、アメリカ製トラックの払い下げを受け、乗合バスに改造するなどして急場をしのいだ。このときに払い下げられた車両は、四百台にものぼる。

ＧＨＱから払い下げられた車両は、エンジンの出力が大きかった。それを利用して、通称「親子バス」と呼ばれた車両に改造される場合もあった。大型車両を専門に製造していた、アメリカのゼネラルモーターズ社のトラックやバスを、三十八人乗りのバスに改造。その後ろにエンジンを取り外して同様に改造した車両を連結して、七十六人乗りとしたのである。当時のバスは、定員が四十名から五十名程度であったことを考えると、輸送力は段違いだった。

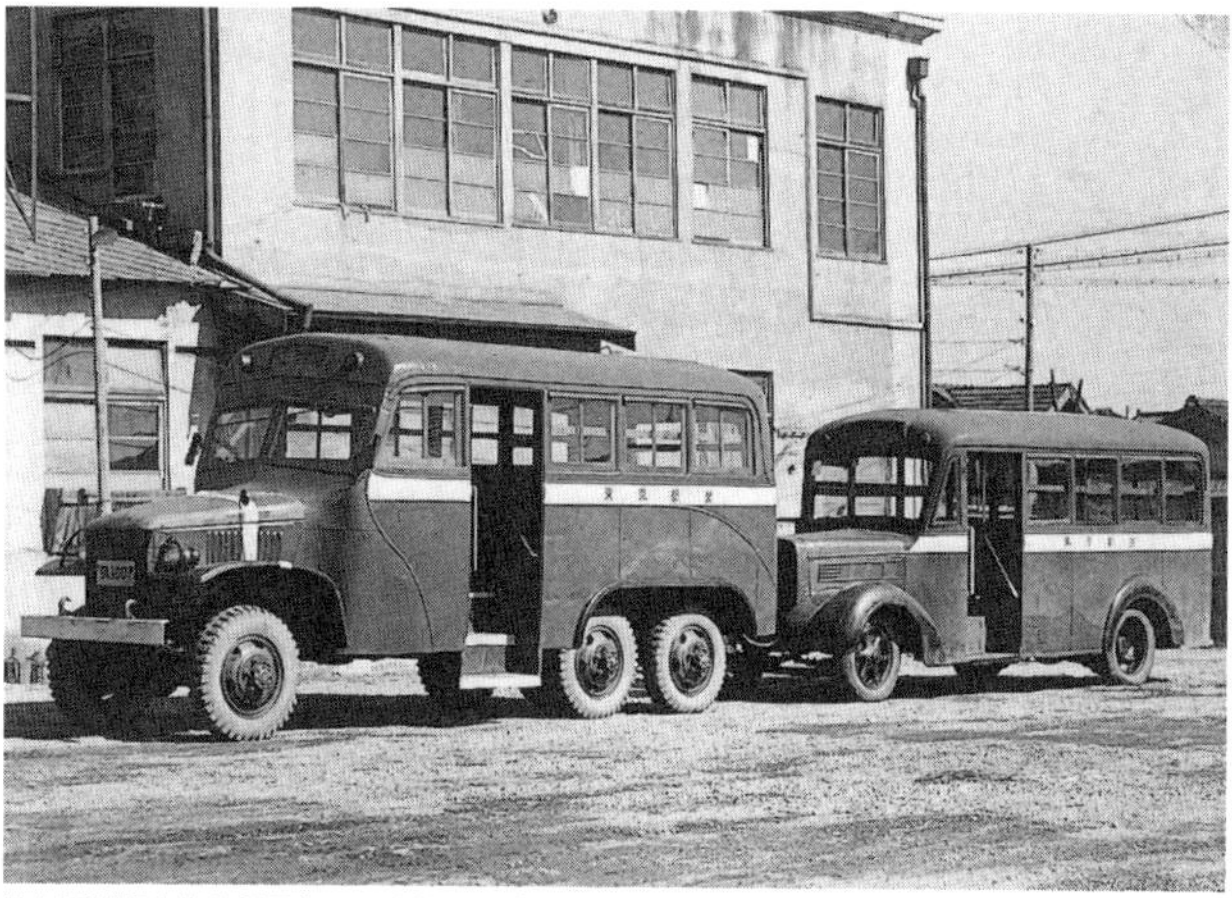

払い下げられたGMCトラックはエンジン出力に余裕があったため、もう一台牽引することができた（写真提供：東京都交通局）

当時の東京都交通局では、民営バス会社との相互乗入れを開始するなど、輸送ニーズが増大していた。いすゞ製のガソリンエンジンを搭載したトラックをディーゼルエンジンのバスに改造して投入したり、さまざまな対応がなされていた中、車両を連結する親子バスのアイデアは、少なくとも日本では初めての試みであった。

しかしながら、運転席部分と客室部分が分かれているという使い勝手の悪さから、通常の国産バス導入が増えていくにつれて、親子バスは姿を消していった。最終的に親子バスは、導入から二年後の一九四九（昭和二十四）年まで利用され、その後は廃止されてしまった。

●車両の謎

## 戦後の一時期のみ存在した「トラック」ならぬトレーラー「バス」

バスの車両の国内における製造は、戦後になってから本格化した。代表的なメーカーのひとつとして名前が挙がるのが、日野自動車だ。戦前に、ガス器具のメーターや電気機器を製造していた「東京《とうきょう》瓦斯《がす》電気《でんき》工業《こうぎょう》」がルーツで、社名は戦時中に工場のあった日野市が由縁である。戦時中（当時は「日野重工業」）は、一式半装軌装甲兵車《いっしきはんそうきそうこうへいしゃ》と呼ばれる装甲車を製造しており、戦後はその技術をもとに、トレーラーやトラックなどの製造を開始している。

当時、日野自動車が開発・製造したバス車両に、「トレーラーバス」がある。その名の通り、トレーラートラックの牽引する貨物部分を客車にしたバスで、都バスでは郊外から都心へ向かう長距離の系統に導入された。それにより、戦後期に増大した輸送量に対応していたのだ。

日野自動車製のトレーラーバスは、乗客の定員は九十六名で、運転手一名、車掌二名の

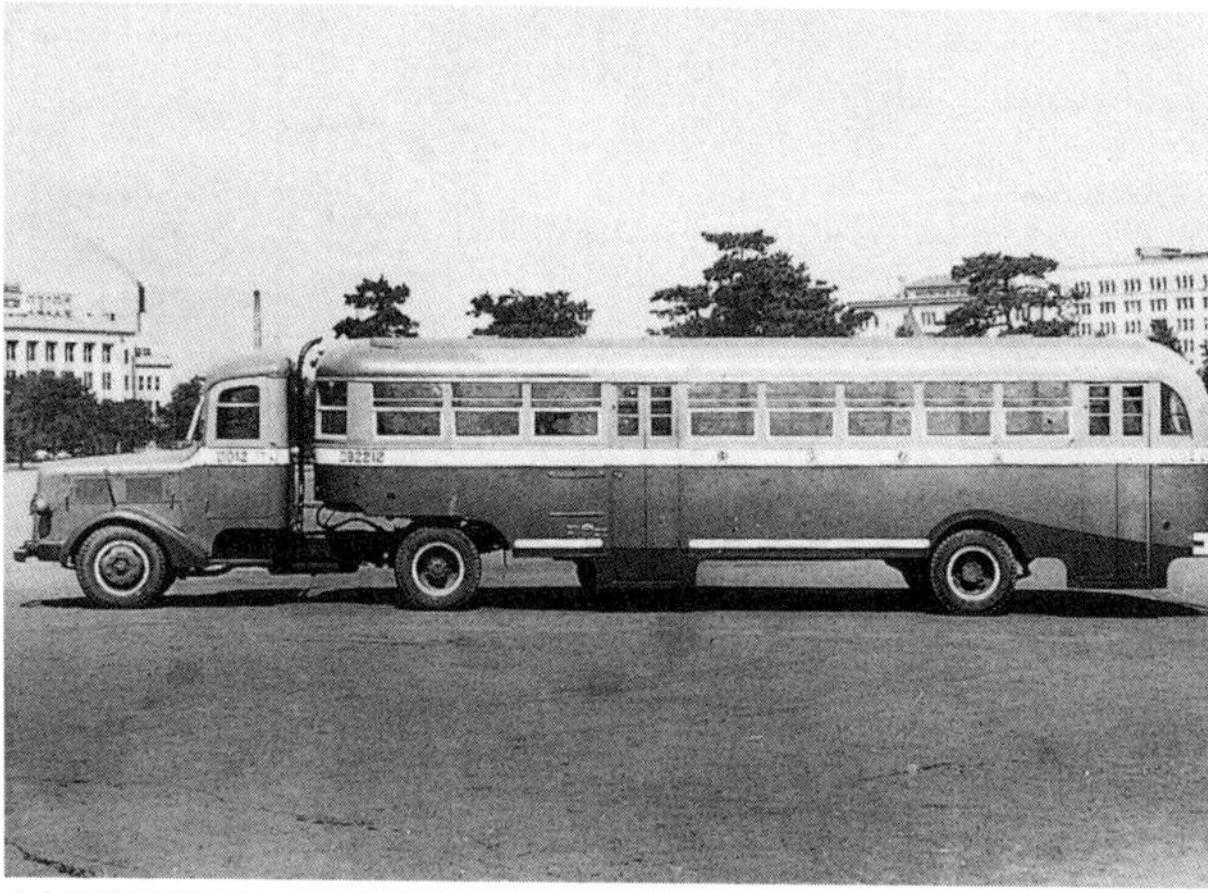

大人数が乗れるトレーラーバスは混雑する路線で活躍した
（写真提供：東京都交通局）

三人で運用していた。左ハンドルなのは軍用車の流用だった、または歩道側の安全確認に好都合だったから、などといわれている。また、それまでのバス車両は乗降口にドアのないつくりだったのだが、トレーラーバスからドアが設置されるようになった。シートはロングシートが特徴で、車内は現在の通勤電車に近い雰囲気があった。

## 乗り心地の良さから贅沢ともいわれた車両

エンジンは、装甲車で使われていた空冷式エンジンを使用していたため、かなり音が大きかったと思われる。が、当時試乗した新聞記者の記事によると、乗り心地の良さや車内で流れるラジオ放送などのサービスに驚き、絶賛している。現在のバス車両と異なり、エンジンは運転席前方のフロント部に設置されており、客室から離れていたために音が届きにくかったのかも知れない。

その乗り心地の良さから、GHQより「贅沢ではないか?」と詰問されることがあった。当時の日野自動車社長である大久保正二氏は、GHQに「家が狭く、客人を招くほど家を豪華にできない日本だからこそ、公共交通機関のバスを豪華にするのだ」と弁明し、批判をかわしたというエピソードも残っている。

大型である割に小回りが効き、道路事情が悪いところでも運行できるため、都バスだけではなく全国的にトレーラーバスは広がっていった。しかし、一九五〇(昭和二十五)年、客室の火災に運転手が気づかなかったことから、十九人が死亡した事故が横須賀で発生。運転手がいる部分と客室部分が分かれたつくりから安全性が疑問視され始め、次第に姿を消していった。

都バスでは日野自動車製と、当時自動車製造を行っていた金剛製作所製のものを合わせて、三十一台のトレーラーバスが導入されていたが、一九五六(昭和三十一)年を最後に姿を消した。

●車両の謎

# 時代によってデザインも変化 お試しカラーのバスが都内を走った

「都知事が変わると都バスの色も変わる」と、揶揄《やゆ》されたこともあった車体のデザイン。今は緑色の帯にオレンジの楕円が目立つものだが、これに至るまでにはさまざまな経緯があった。

終戦前後は、戦時中に複数のバス会社を統合した関係で、車体のデザインはまちまちだった。統一は一九五一（昭和二十六）年頃より、灰色と深緑色を太い白帯で分けたデザインにしたことから始まる。しかし長くは続かず、一九五九（昭和三十四）年頃からは、クリーム色にえんじ色の帯のデザインに塗り替えられた。当時の都電に合わせたもので、路面電車とバスでデザインを統一したことは先進的だった。

その後、都電の廃止が進んだこともあり、一九六八（昭和四十三）年には白に濃い水色帯のデザインに転じ、今までとガラリと印象を変えた明るいイメージになった。当時の都知事の名を取り、「美濃部《みのべ》カラー」とも呼ばれていて、デザインにも呼び方にもなじみのある方も多いだろう。かなりの早さで塗り替えが進められ、一九七〇年代は全車がこのデザインの時代だった。

そこに一九八一（昭和五十六）年三月から登場したのが、鮮やかな黄色に赤帯のデザイン。公式には「事故防止と都バスとわかる乗客増加策のひとつ」と発表されたが、一九七九（昭和五十四）年に、革新都政の美濃部知事から保守系の鈴木知事へと交代したことで、前知事時代のイメージ一掃を意図した、という説もあるようだ。ちょうど新車に冷房が導入されたタイミングでもあり、前年度に美濃部カラーで登場した車両のうち、試作の冷房車のみ塗り変わったことから、冷房車を示す意味も与えられた。

しかしこの「鈴木カラー」、各界から否定的な意見が相次いだ。色彩専門家や利用客からも「都市景観に合わない」など、聞こえてくるのは悪い評判が多く、対立する都議や前知事との争いの種にもなった。話はどんどん大きくなり、これに合わせて発足した「公共の色彩を考える会」（委員長：小池岩太郎東京芸大教授）は、「首都のバスとしての品位を損なう」と、都知事に提言するほどにまでなってしまった。

白地に濃い水色の配色が特徴的な「美濃部カラー」

1982年のデザイン変更の際の3種類の試験塗装車。実際に都民に見て投票してもらった(写真提供：東京都交通局)

結局、評判の悪さに知事が折れ、このデザインは見直されることになる。一九八二(昭和五十七)年に三種類の試験塗装車が都内を走り、秋葉原の交通博物館で一般公開され、都民にアンケートをとった。ちなみに、一緒に特別出展されたのが、芸術家・岡本太郎によるデザイン。側面の黄色は東京都の形をモチーフにしており、深緑色とともにビビッドな色使いだった。

## 新しいデザインは都民の投票で決定

最多得票はベージュの地色に斜めに緑の帯が走るデザインで、これを手直ししたものを採用。一九八二(昭和五十七)年五月の新車から、すべてこのデザインとなった。帯の印象的な形から「ナックルライン」とも呼ばれ、美濃部・鈴木両カラーの車両も順次塗り替えが進み、一九八八（昭和六十三）年にはそれまでのデザインは姿を消した。

一九九七（平成九）年三月に、段差のないノンステップバスが登場すると、今までのデザインをベースに車体の両面中央に大きなオレンジ色の楕円とロゴをあしらった、現在のデザインが登場する。一番下に塗られたオレンジ色は、床面が非常に低いことのアピール。一九九九（平成十一）年度からは新車はすべてノンステップバスとなり、二〇一三（平成二十五）年三月限りで従来の車両がすべて引退となったことから、このデザインに統一された。

二〇一四（平成二十六）年には都バス九十周年を記念して、渋谷・巣鴨営業所の五台のバスにそれぞれ、歴代のデザインが復刻された。鈴木カラー以降は都知事の名で呼ばれることはないが、さしずめノンステップバスは「青島カラー」、そして二〇〇〇（平成十二）年にラッピングバスを導入して、変幻自在なデザインを実現したのは「石原カラー」というところだろうか。経営計画二〇一六で発表された「新たなバスモデルの展開」では、わかりやすいバスを目指して「従来とは異なる車両デザインの採用」が謳われているが、果たしてこれが「舛添《ますぞえ》カラー」となるのだろうか。

●車両の謎

# より低く乗りやすく低床バスは日々進歩を続ける

バリアフリーやユニバーサルデザインが、世の中に浸透してきている。都バスでもこうした流れを取り入れており、長い年月をかけて車両を改良してきた。現在の車両になるまで、どのような変遷があったのだろうか。

最初に登場したのは、「都市型低床車」と呼ばれる車両だった。一九七〇年代、道路の起伏が比較的少ない都市部向けに、床面の高さを従来より五十センチほど下げた、二段のステップ（乗降口の階段）で乗降できるものだった。

都バスでは一九七一年度から試験的に、いすゞと日野自動車から八台を導入。三年後の一九七四年度には新たに取り入れる車両すべてが、都市型低床車に統一された。路面から一段目までは三十五センチ、一段目から二段目、二段目から車内の床面まではそれぞれ二十五センチだった。扉も前扉を幅広にしたり、中扉に観音開きになる「グライドスライドドア」が採用された。

平成に入るとさらに利便性の向上を目指して、東京都交通局は国内のバスメーカー四社に、いっそう低床化された「都市型超低床バス」の開発を発注した。条件はなかなか厳しく、(一)床面高は地面から五百ミリメートル、(二)前面の方向幕の位置は従来と同じ高さ、(三)車内の通路に段差を設けない、(四)扉が前後・前中のどの事業者にも対応できるよう三扉を設置、(五)中扉に車椅子用スロープを設けられる設計にする、といった基準が求められた。

床面高は、当時の技術の限界により五百五十ミリとなってしまったが、結果としてそれ以外はクリアした車両が誕生。一九九〇(平成二)年に、各メーカーから二台ずつ計八台が導入されたものの、厳しい条件のため価格も一般車の倍近くまで跳ね上がってしまい、結局、この型がつくられたのはこの一年だけだったという。

## 二十一世紀はノンステップバスの時代

さらに、車両のバリアフリーに向けた改良は進んでいった。前述の超低床バスの開発が行われている中、車椅子が自力で乗車できる電動乗降リフトを備えた、「リフト付き超低床バス」の導入も決まった。しかし、超低床バスよりは多少コストダウンしたものの、まだまだ高価だったため、一九九一（平成三）〜一九九五（平成七）年で計四十六台しか投入されなかった。

そのため、以後は低コスト化が大きな課題となってくる。「らくらくステップバス」は、既存の「ツーステップバス」を改良することで乗りやすくなり、製造費を抑えることにも成功した。この頃、ほかのバス会社では「ワンステップバス」の導入も進めていたが、都バスはらくらくステップバスの継続投入と、この後に開発されることになるノンステップバスを視野に入れていたため、ワンステップバスは導入されなかった。

そして、一九九七（平成九）年三月に登場したのが、バスの乗降に際して段差がない「ノンステップバス」だ。エンジンや機器の配置を見直すことで、床面を低くすることが実現できたのである。この車両やらくらくステップバスには、タイヤ軸部分のエアサスペンションの空気を抜くことで、出入口側の車高を五〜七センチ低くできる「ニーリング機構」も設けられ、スロープを設置すれば車椅子でも乗降しやすいようになっている。

ノンステップバスは従来の車両から塗色の変更も施され、側面のオレンジ色の曲線が特徴的になっている。下部のオレンジ色の直線は、床面の高さを示したもの。一九九九（平成十一）年度からは、導入される新車すべてがノンステップバスとなり、二〇一三（平成

新型のハイブリッドノンステップバス試験車

二十五）年には全車両が置き換えられた。

都バスの車両はこうしたバリアフリーだけでなく、環境にも配慮して進化している。一九九一（平成三）年には、軽油を燃料として走行し、停車時に吸収するエネルギーを発車のエネルギーに利用する「ハイブリッドバス」が導入された。一九九四（平成六）年には、信号待ちの際などにエンジンを停止させる「アイドリング・ストップ＆スタート装置付きバス」と、圧縮した天然ガスを燃料とする「ＣＮＧバス」が登場した。

都バスを見かけたときは、車体に記されたハイブリッドやＣＮＧの文字、ノンステップバスの車体カラーなど、車両の進化を示す印に注目してみよう。

●車両の謎

# 日本全国のみならず海外でも東京都以外で走る都バス発見！

バス車両の耐用年数は、およそ十五年とされている。東京都交通局では一九九〇年代、退役した車両を地方のバス会社へ売却していたことがある。地方のバス事業者は、人口の減少や景気低迷により厳しい経営環境にあることが多く、費用の抑制を目的として、都市部の中古車を購入していたのだ。

しかし二〇〇四（平成十六）年、当時の石原《いしはら》慎《しん》太郎《たろう》東京都知事が環境対策として推し進めていたディーゼル車規制などにより、都の環境規制に適合しない車両を地方に売却することは、原則的にできなくなってしまった（経年の浅い特定車は例外）。後の二〇〇八（平成二十）年頃から、排ガス中の有害物質が従来より低減された規制車（一九九五年度以降の導入）の除籍が始まったのを受け、排ガス浄化機構を取り付ける条件付きで譲渡・移籍が可能になった。

二〇一四年度からは、退役する車両が排出ガス規制適合となったため、再び有償譲渡が可能となった。さっそく同年秋には、佐賀市や大阪市などで中古の都バス車両が導入され始めた。

　前述の規制などの関係で都バスの売却ができなかった時期でも、人道的支援を目的とした無償での車両譲渡は認められていた。二〇〇五（平成十七）年には、スマトラ島沖地震の津波被害で公営バス二千台を失ったスリランカへ、百七十七台が無償譲渡された。二〇一一（平成二十三）年の東日本大震災の際には、宮城交通と岩手県交通へ計五十台近くが、二〇一二（平成二十四）年には、財政再建を目指す北海道夕張《ゆうばり》市からの支援要請で、一台が無償譲渡された。

　夕張市へ譲渡された車両は、塗装は都バスのままで運行されている。佐賀市や岩手県交通などに譲渡された車両は、内部はそのままで再利用されており、シートに都バスのキャラクター「みんくる」がプリントされたまま。スリランカへ譲渡された車両は、公営バスのシンボルカラーの赤色に塗装し直されたにもかかわらず、なぜかカタカナで「グリーンシャトル」の文字が残っているのがおもしろい。

スリランカの都市カルタラを走る譲渡された都バス

●バス停の謎

# 進化しているのは車両だけじゃない！ より便利になったバス停のヒミツ

バスの利用者にとって不便だった点のひとつに、いつ来るかわかりづらい、ということがあった。しかし、バスの現在位置が把握できるバスロケーションシステム（バスロケ）が整備されたおかげで、最近はかなり解消された感がある。携帯電話で運行状況を把握できるほか、接近案内が設置されたバス停も都バスには数多く設けられている。バスの車両と同様に、バス停も進化してきているのだ。

昔のバス停は、鉄の棒に丸い鉄板がついた簡素な「ダルマ型」が主流だった。それが外枠に鉄板をはめ込む「ついたて型」に進化、現在はプラスチック製ポールが主流となっている。さらに一九七四（昭和四十九）年頃から、夜間に光る電照式（あんどん型）が導入されたほか、雨をしのげる上屋の設置も都心部から広まっていった。

ダルマ型・ついたて型は順次更新され、筆文字の昔ながらのダルマ型バス停は田端《たばた》新町三丁目（荒川区）などに残る程度となっている。道路工事などで臨時にバス停を移動する際は、車庫にある予備のダルマ型が使われる。

バス停の上に付く円盤部分に「みんくる」が描かれているのが、いかにも都バスらしい。この部分、かつては交通局章が配され、一九九〇年代にはバスの銀イチョウのマークと同じものに替えられる予定だった。しかし、警察から光の反射がドライバーに悪影響だとの指導が入り、丸板に「都営バス」の文字になり、その後みんくる柄になった。

二〇〇七年度からは景観向上を目的として、都心部のバス停を中心に新型のバス停が誕生した。首都大学東京との産学連携によるデザインで、薄いアーチ屋根や柱と屋根の接合部にモザイク模様をあしらい、景観に溶け込むデザインとした。風雨避けの壁を兼ねて広告や案内板を設置しており、ステンレス材やLEDを用いているため長持ちなのも売り。ベンチには、多摩産のスギ材を使っているのも特徴だ。二〇〇八年度からは広告なしのバージョンも登場し、現在は広告有無を合わせて百数十基以上が新型バス停となっている。

新型バス停に合わせ、バスロケーションシステムも導入されていった。一九八二（昭和五十七）年に、早稲田営業所管内で本格導入されたのが最初で、送信器を屋根につけたバスが停留所の上空に突き出た受信機の下を通過することで、電電公社（当時）の専用回線を用いてバス停に接近表示を行ったり、営業所やターミナルの端末に大まかな位置を表示

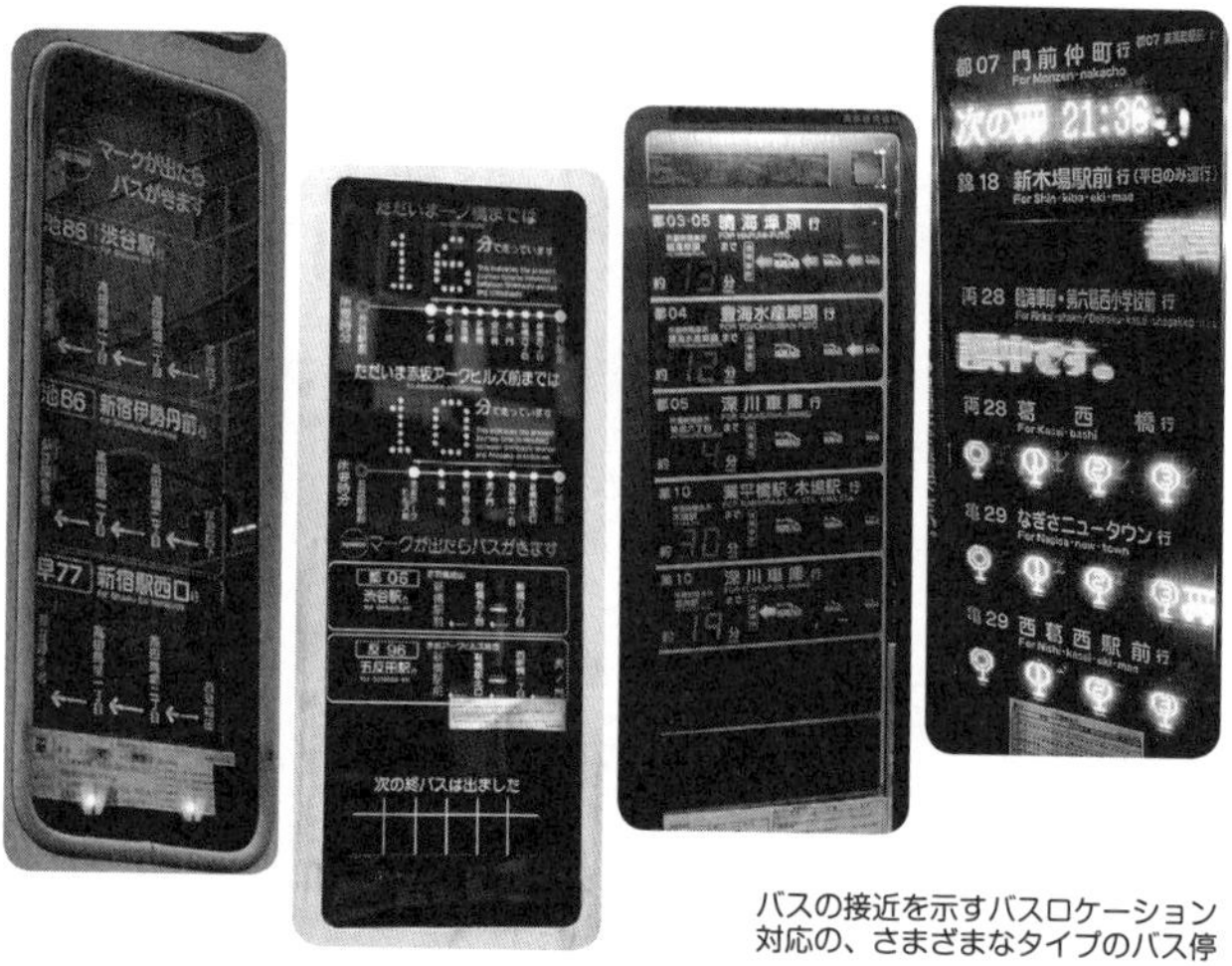

バスの接近を示すバスロケーション
対応の、さまざまなタイプのバス停

したりして、運行の管理ができるようになったのだった。

## GPSで位置情報も把握

その後は都市新バスの各系統を中心に、このシステムが各営業所に拡大し、一九八八（昭和六十三）年には三十系統、一九九四（平成六）年には六十二系統にまで広がった。二〇〇〇（平成十二）年頃には、システムの老朽化により更新され、各バスにデジタル無線を搭載することでレベルアップした。無線経由で都庁のサーバーに現在位置を送信して、運行情報や接近案内を配信する仕組みで、これにより一気に青梅《おうめ》管内を除く全系統が対象となった。二〇〇三（平成十五）年からは、「都バス運行情報システム」（http://tobus.jp）が始まり、携帯電話やパソコンからバスが現在どこにいるか、あと何分で到着するかを簡単に調べられるようになった。

このバスロケ対応用のバス停は、専用の表示枠が必要で高価だったこともあり、どこのバス停前にいるかだけを数字で表示する簡易接近案内が、二〇〇五（平成十七）年から取り付けられ始めた。三つ前↓二つ前↓一つ前とカウントダウンされるだけだが、これだけでも充分便利。すでに六百ヶ所以上に導入され、今後も増える予定だ。

二〇一三（平成二十五）年にはＧＰＳ併用の最新システムになり、同時に接近案内付きのバス停も更新された。接近案内や次の予定時刻、あと何分で到着するかなどを切り替えて表示するようになった。同時に青梅地区への導入も始まり、全系統がバスロケ対応となっている。

2005年より導入されている簡易接近案内のバス停

●キャラクターの謎

## ゆるキャラ「みんくる」以前に別のキャラクターがいた?

近年、全国の公共機関を中心に、PRで活躍しているゆるキャラ。都バスのマスコットキャラクター「みんくる」は、「みんなのくるま」がその名の由縁なのだとか。一九九九(平成十一)年七月八日、都バスの七十五周年を記念して、一般公募で全国から集まった二千四百五十七点の候補の中から選ばれた。緑色の都バスの車体を正面から見た姿をモチーフとし、そこに東京の「T」の文字をデザインした姿になっている。

都バスに乗車すると、車両の随所にみんくるが描かれているのが目に入ってくる。みんくるが座席の柄にもなっている「みんくるシート」は、二〇〇〇(平成十二)年に導入された新車から用いられている。一般席は青色、優先席は地域や導入された時期によって、赤や薄紫、水色などに色分けされており、現在はほとんどの車両の座席の柄が、かわいらしいみんくるになっている。

車体では、全車の前面行先表示の脇に、ポーズをとったみんくるが掲示されている。横

飛び跳ねているみんくるなど、
ポーズの種類は10以上
（画像提供：東京都交通局）

向きや後ろ向き、ウィンクをしたり、カメラを持ったりと、そのポーズは全部で十種類以上。中には「シークレットみんくる」と呼ばれる、夜空の流星を見上げるみんくるのイラストもある。現在、北営業所に所属する「L108」という車両のみに掲示される、まさに「幻のみんくる」だ。

また、みんくるはさまざまなグッズが作られているが、都バスの営業所以外でも手に入れられる場所がある。それは、年に二回、東京国際展示場で開催されるコミックマーケットの会場だ。実は東京都交通局は、毎年オフィシャルのブースを出店している。そこで、Tシャツやストラップなど、みんくるグッズを販売しているのだ。二〇一五（平成二十七）年には、一点限りの目玉商品として、バスの座席と同様の素材を使った一人掛けのみんくるソファも販売。これさえあれば、家でもバスに乗っている気分を味わえる（?）という、都バスファンならぜひとも手に入れたい代物だ。

## 男女ペアで広報誌の連載マンガにも

だいぶ知名度があがってきているみんくるだが、実はみんくるが登場する前にも、都バスにキャラクターがいたのをご存じだろうか。そのキャラクターの名前は、「フレ夫くん」と「アイちゃん」。ベレー帽をかぶった男の子とミニスカートの女の子のキャラクターだ。

都バスのキャラクターというよりは、東京都交通局のキャラクターといった方が正確だろう。東京都交通局が出す『ふれあいの窓』という広報誌に漫画が連載されており、描いていたのは、一九八〇年代に漫画『まいっちんぐマチコ先生』で人気となったえびはら武司先生だ。漫画で都バスや都電のお得な切符などを紹介していた。

今は連載も終了し、みんくるにお株を奪われてしまったが、「元祖・PRキャラクター」としての活躍はぜひ記憶に留めておきたい。

かつて東京都交通局の『ふれあいの窓』で連載されていた広報漫画
（写真提供：東京都交通局）

第六章

# 知っていると自慢できる!?
# 都バスのおもしろトリビア

●おもしろトリビア

## 街中を走る広告塔・ラッピングバス 一体いくらで宣伝できる？

街で目にする、鮮やかな色彩とデザインの「ラッピングバス」。バスを「走る広告」として使う斬新な試みは、開始から十六年がたちすっかり街の風景に溶け込んだ。

ラッピングバスの導入は二〇〇〇（平成十二）年、当時の石原《いしはら》慎《しん》太郎《たろう》都知事の「都バスの広告を増やせば赤字が補填《ほてん》される」の発言がきっかけとなった。当時の屋外広告条例では、車体広告は最大二・七平方メートルという制限があったのを、最大三十平方メートルと大幅に緩和。同年四月に、まず二百四十台が運行を始めた。

サイズは導入時に規制が緩和された一方、広告のデザインは各種制約がある。東京屋外広告協会の自主審査基準では、原色などの極端な色使いや、派手なデザインはNG。四コマ漫画のような、まわりを走るドライバーの注意をそらす内容も不適切。窓部分へのラッピング、反射する素材や蛍光色、映像も不可となっている。また、原則として前面はラッピングを施さないほか、入口の近くなどに「都営バス」というステッカーを張るなどして、どのバス会社かわからなくなるのを避けられるようにしている。

ラッピングには、パーツごとにばらした特殊な素材のフィルムシールを用いており、接着剤には微修正が効くよう張り直しできるものを使っている。まず車体を水拭きしてから、指示書に基づき車体の各面に張り付けていく。給油口やランプなどの出っ張りは、切れ目を入れて対応。営業に必要なステッカーを張りつけて完了となる。車体すべてではなく、一部分のみを対象とする「パートラッピング」も設定されている。

## 広告料金は意外とおトク?

気になる広告料金だが、運行経路によって変わってくる。基本的には営業所単位で違い、ランクは特SからDまで六等級。契約は一年単位で、最高額の年間四百万円は、山手線の中吊り広告二面の三日分とほぼ同額である。同一企業がデザインを変えて広告を出し続けるケースも多く、中にはもはや

長期で広告を出しているロッテガム。クールミントペンギンが運転手の恰好をしている初代デザイン

ラッピングバス（フルラッピング）料金表　2015年現在

| ランク | 車庫 | 広告料金(税抜) | | |
| --- | --- | --- | --- | --- |
| | | 1年 | 6ヶ月 | 1ヶ月 |
| 特S | 渋谷<br>(都01・RH01) | 400万円 | 200万円 | 40万円 |
| S | 渋谷<br>(上記以外) | 300万円 | 150万円 | 30万円 |
| 特A | 新宿・杉並・小滝橋・<br>早稲田・深川(都05)<br>品川(市01以外)・ | 200万円 | 100万円 | 20万円 |
| B | 港南・巣鴨・北・練馬・<br>江東・深川(都05以外) | 120万円 | 60万円 | 12万円 |
| C | 品川(市01)・千住・<br>千住・青戸・臨海・江戸川 | 80万円 | 40万円 | 8万円 |
| D | 青梅 | 60万円 | 30万円 | 6万円 |

定番となったデザインも見受けられる。

「ロッテ」は、ラッピングバスの運行開始時から現在まで、継続して広告を出している。ガムのパッケージを施したデザインは、なかなか秀逸だ。年度が変わるごとに合格実績の部分が変わる、予備校の「東進ハイスクール」も特徴的。多くの営業所の各車庫に広く分布するため目にする機会が多く、青緑色ベースのカラーリングが目立つ。

また、地域によってラッピングの内容を変えるパターンや、車種によってデザインや大きさが微妙に異なるパターンなどもある。そして、「媒体」である交通局自体がＰＲ用に張っている「都バス運行案内」なども、注目して見てみるとおもしろいだろう。

●おもしろトリビア

## 色付きやイラストもあった方向幕デザインの変遷は？

かつて都バス車両の行先表示には、「方向幕」という装置が用いられていた。行先や系統の文字を印刷した長いフィルムや布を、軸で巻き取るという仕組みで、終点でクルクルと表示が変わっていく様子を見たことがある人もいるのでは。

方向幕は長らく単色だったが、一九八一（昭和五十六）年に大型化したときに、系統番号は緑、経由地は黒、行先は紺色と、文字色に複数色が使用され始めた。地色にカラーを取り入れた方向幕は、一九八四（昭和五十九）年の都市新バス（一四四ページ参照）の制定時に導入され、明るい青で特別なバスであることを示していた。一九八六（昭和六十一）年に都市新バスの「都02」系統（大塚駅〜錦糸町《きんしちょう》駅）が設けられたときに、赤・黄・茶・紺など他の地色もテストされたが、結果的にこの青色に。以後、多色化は一九八八（昭和六十三）年の晴海通りを走る「都03」「04」「05」系統（新宿駅西口〜晴海埠頭など）の運行開始時に、識別しやすさを目的として緑・橙が新たに加わった。

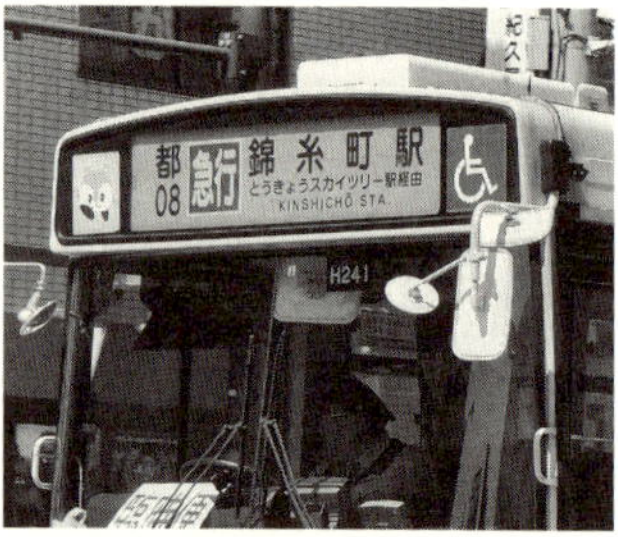


カラー方向幕が使用されていた
都市新バスの「都08」系統

複数色の使用はこのほかにも、一九八九（平成元）年に運行を開始した深夜バスには黒地に黄色い文字、同時期に青梅《おうめ》管内の方向幕がすべて黒地に変更。一九九〇（平成二）年の「夢01」系統（錦糸町駅～新木場駅）や「梅01」系統（青梅駅～玉堂美術館）は、レジャー色が強いことから、カラーイラストが系統番号の部分に描かれた例がある。このように、方向幕に複数色を使うのは、特別な系統に限られていた。

一般の系統では一九九四（平成六）年に、並行する系統と経由が異なる路線を区別するため、灰色地を採用した「茶51」系統（東京駅丸の内北口～駒込駅南口）が最初である。二〇〇〇年代に入ると色地の採用が増え、現在では黄・水・草・紫・黄緑などが使われている。変わり種では、一九九〇年代に運行していた銀座界隈の散策向け周遊バス「銀ブラバス」（東京駅八重洲口～銀座循環）で、行先表示が金色だった。

バリエーションが豊かな方向幕だが、後に電光式の表示（ＬＥＤ）が主流となり、二〇一六（平成二十八）年四月現在で方向幕仕様の車両は五十台を切っており、近いうちに見納めとなりそうだ。

●おもしろトリビア

# LEDなら表示は自由自在 変化する行先表示のヒミツ

方向幕以外の行先表示を初めて採用したのは一九九五年度のこと。方向幕は見やすくカラフルな一方、さまざまな表示に臨機応変に対応できないこと、充当される路線が変更となったときに交換する手間がかかる難点がある。その対策として一九九六（平成八）年、一台のバスに試験的にモノクロの液晶表示が採用された。しかし、当時の液晶の仕様では直射日光下では見づらかったことから、数年で再び方向幕に戻されてしまった。

後に登場したのが、ＬＥＤによる電光表示である。二〇〇一年度に試験的に四台運用されたところ、視認性・耐久性ともに基準を満たす結果となり、方向幕機械のメーカーの廃業もあって、二〇〇四年度以降導入の車両はすべてＬＥＤ方式になった。その後、方向幕式だった二〇〇一～二〇〇三年度導入の車両も順次改造され、ＬＥＤ表示が定着した。

ＬＥＤ表示は単色しか使えないデメリットもあるが、フレキシブルな表示ができるメリットも大きい。その最たるものが、系統番号のイラストだ。「梅01」や深夜バスには初期に導入され、方向幕に描かれていたイラストが忠実に移された。以降、新興住宅街のハートアイランドを通る「王55」系統（池袋駅東口～新田《しんでん》一丁目）のハートマーク、「草63」系統（池袋駅東口～とげぬき地蔵）では地蔵マークなど、各系統でバリエーションが増えている。ちなみに類似の系統の区別は、方向幕時代には地色を変えて対処していたが、LEDでは系統番号の部分を白抜き文字にするなどで対応している。

## フルカラーLEDの登場で表示はさらに進化

柔軟な表示が必要とされる臨時運転では、LEDによるイラストが多用されている。青梅管内では、夏の「ほたるを見る夕べ」開催時のほたるマークのほか、青梅マラソンやだるま市で通行規制がされるときも、その日専用のイラストが表示された。イベント対応輸送で代表的なのが花火大会で、隅田川や江戸川の大会開催時には、迂回・規制運転を示す花火のマークが示された。このマーク、最初は南千住《みなみせんじゅ》営業所管内で用いられていたが、好評でほかの営業所でも採用されていった。営業所ごとにマークのデザインが微妙に違っているので、乗車する機会があればよく観察してみよう。

最近では、東京マラソン開催時に帰路の足となる「国展04」系統（東京ビッグサイト～

「梅」系統に合わせて梅のイラストが描かれた「梅01」系統（青梅駅〜玉堂美術館循環）

「ほたるを見る夕べ」のイベントに合わせた蛍のイラスト

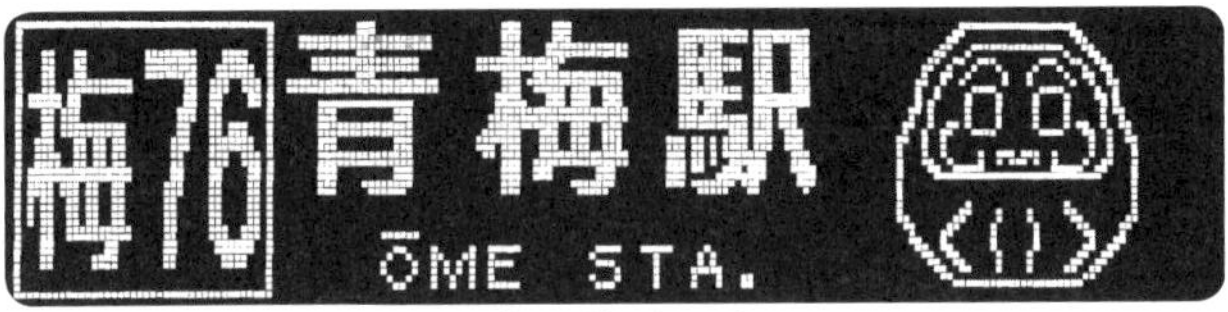

「梅76」系統のだるま市開催時のLED表示はだるまマーク

品川駅港南口）で、系統番号にランナーのイラストが使われている。二〇一六（平成二十八）年に走った際には、三種類のイラストが用意されていた。今後もこういった表示は増えていきそうだ。

経営計画二〇一六では、さらにわかりやすい案内表示として、フルカラーLEDの採用も挙げられた。現在、主に普及しているのは、系統番号の部分のみフルカラーでそれ以外が白色の単色だが、二〇一五（平成二十七）年に試験走行した燃料電池バスには、全面がフルカラーのLEDが採用された。「みんくる」のイラストがカラー表示されるのも楽しげで、今後の本格採用に期待したい。

●おもしろトリビア

## 行先表示の色が変わる？ 赤バス・青バスって何のこと？

夜遅い時間のバス停で、行先表示が赤い枠で囲まれている車両。最終便であることを示す印で、終バスは赤い枠、その一本前のバスは緑（青）色の枠で表示される。これらは赤バス・青バスとも呼ばれ、終バスだけでなく一本前の便の表示も備えた事業者は、現在では都バスのほかには京都市バスくらいだ。

この表示は戦前の市電（現・都電）の頃から継承されている古いもので、一九五二（昭和二十七）年の春日《かすが》八郎《はちろう》のヒット曲『赤いランプの終列車』の歌詞にも唄われている。当時は、最終が赤電車（赤電）、その一本前が青電車（青電）といわれていた。

その後、都電の方向幕は大型化とともに、行先ごとに地色が白・赤・緑の三種となり、都バスは方向幕を照らす赤・緑の電球により、終バスと最終の一本前のバスを表していた。運転席の脇にスイッチがあり、オンにすると色灯用の豆球がつく。ぼんやりと照らされる方向幕の儚《はかな》げな様子は、最終便の雰囲気にマッチしていた。

LED行先表示の場合は赤・緑の枠で囲まれる

方向幕による終バスと終前バスの表示は、よく観察すると車種によって光り方が二種類ある。球が着色された材料でつくられたものと、透明なガラス球の表面に塗料を吹き付けたもので、前者は発色が淡いが長持ち、後者は鮮やかだが経年で色が剥がれてしまう特徴があった。

## 行先表示のLED化で赤・青バスの表示も変化

現在は都電・都バスともに、行先表示にLED（一八三ページ参照）が導入されている。電飾の特性を生かし、都電の終電は文字自体の色による表示も見られるのに対し、都バスは外周に色付きの枠を表示した「伝統」を引

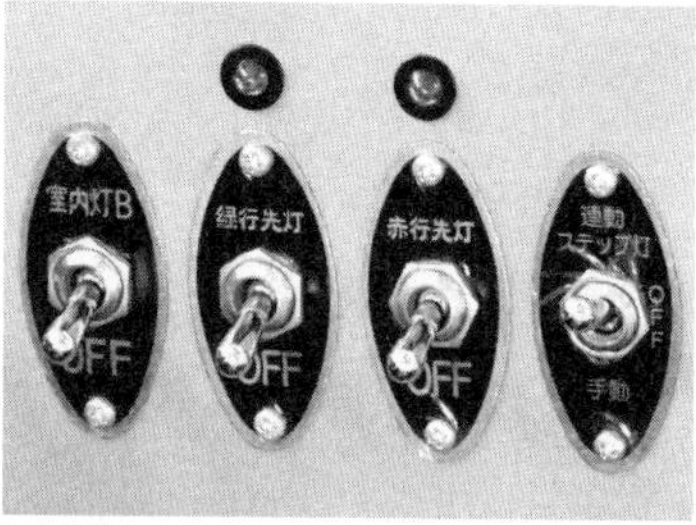

運転席脇のスイッチ。「緑／赤行先灯」の文字が見える

き継いでいる。ひとつのＬＥＤが二色に光るのではなく、単色のＬＥＤが赤・緑・緑・赤・緑・緑…と配列され、該当の色のスイッチをオンにするとその部分だけが光る仕組みだ。

終バス・終前バスの表示は、同じ系統で異なる行先が運行されている場合、行先ごとに出される決まりとなっている。「都01」系統（渋谷駅～新橋駅）なら、渋谷駅二十一時五十四分発の新橋駅行きは緑、二十二時発の新橋駅行きは赤、同三十一分発の六本木ヒルズ行きは赤、四十分発の溜池《ためいけ》止まりは赤…という具合。終バスながら、途中のバス停が始発の便が、さらに遅い時刻に運行している場合はそのバス停を過ぎてから赤表示をきちんと消している。乗務員の携行する運行予定表には、どの区間で赤や緑の表示をするかが明記されていて、それに従ってスイッチを操作している。運行形態の関係で昼間で終バスとなる系統では、この表示をしない場合もある。

最近普及が進むフルカラーＬＥＤの行先表示が都バスに導入されたら、こうした表示がどのように変化するだろうか。今後のＬＥＤ表示の移り変わりにも注目していきたい。

●おもしろトリビア

## バスに記されたアルファベットと三桁の数字 この記号が表す車両の情報とは?

都バスに乗り込むとき目に留まる、車体に記されている記号。すべての面に表示されている、「Ａ４７６」といった英字と三桁の数字の並び、側面にはそれに加えて、「Ｓ-Ａ４７６（深川）」のように、英字と地名が足されている。これらは「局番」という、車両管理をするための番号である。都バスでは右の例でいえば、頭の「Ｓ」と「（深川）」は所属営業所、「Ａ」は購入年度、「４７６」は通し番号となっている。アルファベットは、数字やほかの文字と間違えやすいＩ・Ｊ・Ｏ・Ｑ・Ｕを除いた二十一文字が使われている。

営業所の英字は一九五〇（昭和二十五）年頃から使われており、当時存在した営業所を品川からＡ〜Ｌまで順に反時計回りに付け、後に新設された営業所には空き文字から適当に当てがっていった。英字は営業所か支所格に与えられ、それ以下の分駐所は親営業所の文字が使われた。車庫が移転した際にも元の英字が継承され、現在はＧ・Ｍ・Ｕ・Ｘが営業所の廃止に伴い使われていない。

**営業所・支所の記号**

| 記号 | 現在の使用 | 過去の使用 |
|---|---|---|
| A | 品川 | |
| B | 渋谷 | |
| C | 新宿 | |
| D | 杉並(1966年〜) | 堀ノ内(〜1966年) |
| E | 小滝橋 | |
| F | 練馬 | |
| G | − | 大塚(〜2015年) |
| H | 千住 | |
| K | 南千住(1975年〜) | 新谷町(〜1975年) |
| L | 江東 | |
| M | − | 目黒(1955〜2013年) |
| N | 北(1980年〜) | 滝野川(1949〜80年) |
| P | 巣鴨(1968年〜) | |
| R | 臨海(1987年〜) | 江戸川(1960〜87年)<br>東荒川(〜1960年) |
| S | 深川(1968年〜) | 洲崎(1949〜68年) |
| T | 早稲田(1971年〜) | 戸山(1968〜71年) |
| U | − | 今井(1968〜87年) |
| V | 江戸川(2004年〜) | 葛西(1972〜2004年) |
| W | 青梅(1949年〜) | |
| X | − | 八王子(1949〜87年) |
| Y | 港南(2005年〜) | 志村(1961〜82年) |
| Z | 青戸(1959年〜) | |

**購入年度の記号**

| 記号 | | | | |
|---|---|---|---|---|
| A | 1957 | 1973,74 | 1994 | 2015 |
| B | 1958 | | 1995 | 2016 |
| C | 1959 | 1975 | 1996 | |
| D | 1960 | 1976 | 1997 | |
| E | 1961 | 1977 | 1998 | |
| F | 1962 | 1978 | 1999 | |
| G | 1963 | 1979 | 2000 | |
| H | 1964 | 1980 | 2001 | |
| K | 1965 | 1981 | 2002 | |
| L | | 1982 | 2003 | |
| M | 1966 | 1983 | 2004 | |
| N | 1967 | 1984 | 2005 | |
| P | | 1985 | 2006 | |
| R | 1968 | 1986 | 2007 | |
| S | | 1987 | 2008 | |
| T | 1969 | 1988 | 2009 | |
| V | | 1989 | 2010 | |
| W | 1970 | 1990 | 2011 | |
| X | 1971 | 1991 | 2012 | |
| Y | | 1992 | 2013 | |
| Z | 1972 | 1993 | 2014 | |

営業所・支所と購入年度のアルファベット記号を組み合わせて、それぞれの車体番号としている

購入年度は、一九六六（昭和四十一）年のこのシステムの制定時に、最古参だった一九五七年度購入の車両をAとし、以降は年度が進むごとにアルファベットの文字をひとつ進めていった。一九七〇年前後は都電の廃止に伴う都バスの新路線開通により、大量の車両が導入されたため、同じ年度に二文字が割り当てられたこともあった。

最後の三桁の番号は通し番号で、百の位は車種と輸送区分を示している。原則として「0」は貸切、「1〜7」は大型車、「8」は中型車、「9」が特定輸送（廃止）。下二桁はクルマのナンバープレートと同じく、「42」・「49」が縁起をかついで欠番にされている。

●おもしろトリビア

## 路線を区別する系統番号はどんなルールで決められている？

バスの局番（一八九ページ参照）と同じく計画的に振られた番号に、路線の系統番号もある。都バスや周辺の民営バス会社もおおむね、漢字＋数字二桁で構成されており、漢字はその路線のターミナルや経路上の主要な地名の頭文字である。

都バスでは、東京駅から放射状に九エリアに分け、「漢字」でターミナル、「数字」で方面を示している。「田87」系統（田町駅～渋谷駅）なら、田＝田町駅から、80番台＝渋谷方面の路線、という具合である。「飯64」系統（小滝橋《おたきばし》車庫～九段下）のように、途中で高田馬場《たかだのばば》と飯田橋を通る場合は、漢字に都心側の飯田橋を選んでいる。「業10」系統（新橋～とうきょうスカイツリー駅）では、漢字に都心側の新橋ではなく、終点側のとうきょうスカイツリー駅（かつての駅名は業平橋《なりひらばし》）からとっているのがおもしろい。また青梅地区は、まとめて70番台となった。一の位はなるべく重複しないように、適宜ばらけさせたようである。

この仕組みは一九七二（昭和四十七）年、東京バス協会と都区内事業者主導で採用され、順次、埼玉・神奈川・千葉へと広がっていった。数字の振り方は事業者ごとに任されたが、渋谷や新宿といった大ターミナルでは、各社の協調で整理した上で数字が振られた。例えば渋谷駅なら、十の位が0〜7まで方面別に分けており、都バスの渋谷方面は80番台となるので、バッティングしないようにうまく調整されていた。

その後、路線再編による短縮によって、この原則に当てはまらない例も出てきた。短縮によってターミナルの漢字だけが変わったり、50番台のようにほとんどの路線が消えたり、葛西《かさい》地区の発展で20番台のようにたくさんの路線がある、など。そして、都市新バス（一四四ページ参照）でも記したように、本来は特殊・臨時系統という扱いだった「00」番台を、特別性を出すべくいろいろな系統に付けた結果、「01」を名乗る系統が多数生まれていった。以前より系統番号の法則は緩

**系統番号と番号が示す各方面**

| | |
|---|---|
| 10〜19 | 都心より銀座を主とした晴海方面 |
| 20〜29 | 都心より京葉道路を主とした江東方面 |
| 30〜39 | 都心より水戸街道を主とした葛飾方面 |
| 40〜49 | 都心より日光街道を主とした足立方面 |
| 50〜59 | 都心より中山道を主とした板橋方面 |
| 60〜69 | 都心より池袋を主とした練馬方面 |
| 70〜79 | 都心より新宿を主とした中野・杉並方面 |
| 80〜89 | 都心より渋谷を主とした世田谷方面 |
| 90〜99 | 都心より京浜国道を主とした目黒・大田方面 |
| 01〜09 | 特殊または臨時路線 |

1972年に系統番号が制定されたときの法則。
十の位はバスが走る方面で決まっている

珍しく行先表示にきちんと枝番まで記載されていた「東42乙」系統

くなっているようだが、それでも一般の系統は今なお、この原則を守っている。

## 複雑化する番号ルール

現在、最も使われている数字は、「00」番台を除くと「22」の六系統（里・新小・東・葛西・臨海・錦）である。「77」も三系統（黒・早・梅）あるあたり、ゾロ目は人気が高い。逆に欠番も多く、一度も使われたことがない番号は「36」「56」の二つがある。

また都バスの特徴として、枝系統もすべて同じ番号となっている。例えば、「都01」系統は渋谷駅～新橋駅だが、途中止まりの溜池や赤坂アークヒルズ、六本木ヒルズ行きもすべて「都01」である。本線とは別の、車庫から出る東二丁目〜渋谷駅も、「都01」を名乗っている。

異なる運行区間が一緒の番号になっているケースもあり、各々を区別するのには伝統的に「十干《じゅっかん》」の甲乙丙《こうおつへい》…で表示した。例えば、「錦13」系統は「錦13甲」（錦糸町駅〜晴海埠頭）と、「錦13乙」（錦糸町駅〜深川車庫）といった具合である。これまでの最多は、「西葛27」系統（西葛西駅〜臨海町二丁目団地）・「品98」系統（品川駅港南口〜大田市場）の甲・乙・丙・丁《てい》・戊《ぼ》の五種だったが、現在は「梅77」の丁までとなっている。

十干による系統表示までしなければならないほど、複雑な路線区分が残っているのは、時代によって基準がまちまちだったことに理由がある。見た目は全然関係ない路線を収支の事情でひとまとめにしたり、かなり違う路線なのに区別しなかったり、など。個性的な呼称ながら、バスの行先表示に採用されていたのは、「東42甲・乙」（東京駅八重洲口〜浅草雷門〜南千住車庫）などほんの一握りだった。

二十一世紀に入ると、従来なら枝番号にしていたのを別々の系統にしたり、「折返」や「-2」という枝番を付ける例も出てきており、さらにバラエティに富んでいる。日暮里・舎人《とねり》ライナーの下を走る「里48」系統（四八ページ参照）では、途中で枝分かれする「里48-2」（日暮里駅〜加賀団地）という具合。「-1」はないのが何とも不思議だ。

●おもしろトリビア

# 二十三区のバスと違う!? 青梅支所の車両の特徴とは?

「梅70」（二二二ページ参照）などの系統を管轄しているのが、青梅支所である。都バスのほとんどが二十三区内で運行しており、新宿駅から西側はほかの民営バス会社が路線網を延ばしている中、ぽつんと飛び地のようにある支所だ。

ここはエリアが独立していることのほか、二十三区内の系統には見られないさまざまな特徴がある。

二十三区は前乗りで運賃は先払いだが、こちらは中乗りで運賃は後払いの整理券方式。従来は前から乗って運転手に降りるバス停を申告するシステムだったが、一九八五（昭和六十）年からこの方式になった。この方式のため、運行する車両にも青梅支所独自の設備が、いろいろと設けられている。

乗降方式と自由乗降表示の表示板は、都バスでは青梅支所所属車両ならではのものだ。前面には「後のり」と掲示されており、前乗りの路線が混在する都心寄りに乗り入れた際、混乱を防ぐ役割がある。そして、ローカルエリアの成木《なりき》地区に入る際に使われるのが、「フリー乗降区間 柳川以北」の表示。バス停以外の場所でも停車できることを示すもので、後部にも掲示される。これは乗客に向けてのほか、後続車にもバス停以外でもバスが突然停車することへの注意喚起を目的としている。ただし、近年はフリー乗降表示はあまり掲げなくなっている。

## 後払いシステムのための設備とは

二十三区のバスと異なる青梅支所の車内システムといえば、整理券発行機と中扉のカードリーダーだろう。新車で青梅支所に導入されたバスは、整理券発行機を据え付ける土台が標準装備されているが、他所から青梅支所へ転入した際に改造された車両は、交通局の整備工場でひとつひとつ手作りされているようだ。

そして運賃表が掲示されているのも、均一運賃ではない

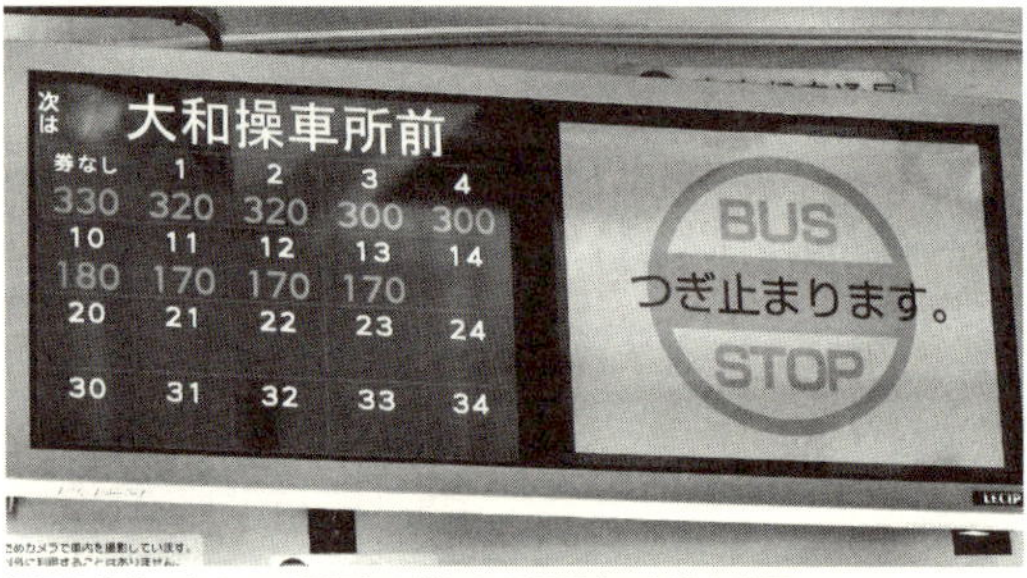

運賃は後払いなので、運転席の横にある運賃表で料金を確認

青梅支所仕様の車両。中扉の方が入口になっている

この支所ならでは。二十三区内に先駆けて、二〇一一（平成二十三）年に二画面式の液晶のものに取り換えられた。表示には、「発車します」のときに都バスのイラストが出てくるほか、キャラクターの「みんくる」のイラストが出てくる場合も。一部の車両に限られるが、貸切のときに児童向けの「みんくる間違い探し」など、いくつかの遊び用の表示も隠されている。

車内も、二十三区内の車両が中扉より後ろに一人掛けが続く仕様に対して、二人掛けが続く着席機会重視となっている。混雑度が都心ほどでなかったり、カーブや坂道が多かったりといった、沿線の環境の差なのだろう。同じ都バスの車両でありながら、二十三区内と青梅では、こんなにも違いがある。

## 〈参考文献〉

『都バスで楽しむ東京―東京の歩き方（地球の歩き方ムック 国内11）』（ダイヤモンド・ビッグ社）／『都バスで行く東京散歩』加藤佳一（洋泉社）／『ＴＯＫＹＯ都バス乗り隊歩き隊 都バスで出かける、新・東京探訪1999～2010保存版』「乗り隊歩き隊」制作委員会（アサツー ディ・ケイ）／『ＴＯＫＹＯ都バス 乗り隊歩き隊』（アサツー ディ・ケイ）／『都営地下鉄・都電・都バスのひみつ』（ＰＨＰ研究所）／『ちょっぴりエッチでかなーりおバカなぐるり環七＆多摩路線バス旅行記』湯浅祥司（そよ風文芸食堂）／読売新聞1991年12月4日付、1992年1月19日付／『都バスの90年史』佐藤信之（グランプリ出版）／『都電系統案内―ありし日の全41系統』諸河 久（ネコ・パブリッシング）／『都営交通100年のあゆみ』（東京都交通局）／『向島文学散歩』（すみだ向島文学のまち実行委員会）／『都バス路線図「みんくるガイド」』（東京都交通局）／『街の達人 全東京 便利情報地図 23区＋多摩』（昭文社）／『都営バスＡtoＺ Ｖｏｌ・12 Ｌ江東』都営バス資料館／『都バスＡtoＺ Ｖｏｌ・11 Ｋ南千住・Ｚ青戸』都営バス資料館／『都営バスＡtoＺ Ｖｏｌ・１ Ａ品川』都営バス資料館／『都営バスＡtoＺ Ｖｏｌ・７ Ｅ小滝橋・Ｔ早稲田』都営バス資料館／『都営バスＡtoＺ Ｖｏｌ・８ Ｇ大塚・Ｐ巣鴨』都営バス資料館／『都バスＡtoＺ Ｓ深川』都営バス資料館／『都電代替バス路線総覧』都営バス資料館／『都営バス路線改編録 下 2004-2015』都営バス資料館／『ＢＪハンドブックシリーズ87 都営バス』（ＢＪエディターズ）／『東京バス散歩』白井いち恵（京阪神エルマガジンズ社）／『都電が走った街 今昔 激変の東京―定点対比30年』林 順信（ＪＴＢキャンブックス）／『都電が走った街 今昔〈2〉20世紀の東京景観―定点対比30年』林 順信（ＪＴＢキャンブックス）／『都営バス完全ガイド（別冊ベストカー）』（講談社ビーシー）／『丸々一冊都営バスの本』（ネコ・パブリッシング）／『バスグラフィック ｖｏｌ・12』（ネコ・パブリッシング）／『東京の道事典』吉田之彦、渡辺 晋、樋口州男、武井弘一（編）（東京堂出版）／『東京の地名由来辞典』竹内 誠編（東京堂出版）／『川の地図辞典 江戸・東京／23区編三訂版』菅原健二（之潮）／『新・大江戸東京の歩き方 東京シティガイド検定公式テキスト』公益財団法人 東京観光財団（ダイヤモンド社）／『切絵図・現代図で歩く江戸東京散歩（古地図ライブラリー別冊）（人文社）／『地形のヒミツが見えてくる 体感！ 東京凸凹地図』東京地図研究社（編・著）（技術評論社）／『改訂版 江戸・東京歴史の散歩道1／中央区・台東区・墨田区・江東区』（街と暮らし社）／『江戸・東京歴史の散歩道6／荒川区・足立区・葛飾区・江戸川区』（街と暮らし社）／『県史13 東京都の歴史』竹内 誠、古泉 弘、池上裕子、加藤 貴、藤野 敦（山川出版社）／『東京下町散歩25コース』仙田直人、田中暁龍、中里裕司（山川出版社）／『大東京バス案内』泉 麻人（実業之日本社）／『都バス・東京旅情 東部編』林 順信（大正出版）／『東京都内乗合バス・ルートあんない'16～'17年版』東京バス協会（JTBパブリッシング）／『東京史跡ガイド シリーズ』（学生社）／『隅田川の橋：〝水の東都〟の今昔散歩』東京今昔町あるき研究会（編）（彩流社）／『東京建築ガイドマップ―明治大正昭和』倉方俊輔、斉藤 理（エクスナレッジ）

**〈参考文献〉**

都営バス資料館ホームページ／足立区観光交流協会（あだち観光ネット）ホームページ／荒川下流河川事務所ホームページ／東京都交通局ホームページ／RAILROAD研究所ホームページ／江東区ホームページ／東京都公園協会ホームページ／山谷労働センター「30年のあゆみ」ホームページ／ぽこぺん都電館ホームページ／木炭自動車とレトロ車館ホームページ

**〈写真提供〉**

東京都交通局／立木将人／瀬川雄一朗／喜熨斗健弘／塩田尚樹／今関義高／五井勝雪／濱田昂之／葛本有亮／徳山 寛／佐藤拓人／加納岳史

**編者**

**風来堂**（ふうらいどう）

編集プロダクション。国内外問わず旅をはじめ、歴史、街ガイドからサブカルチャーまで、幅広いジャンル＆テーマで取材・執筆活動を展開している。バス・鉄道、航空機など、交通関連のライター・編集者とのつながりも深い。近刊に『秘境路線バスをゆく』（イカロス出版）『世界で一番美しい瞬間』（三笠書房）『世界ダークツーリズム』（洋泉社）など。http://furaido.net

じっぴコンパクト新書　291

JIPPI Compact

車窓《しゃそう》から見《み》える東京《とうきょう》いまむかし
# 都《と》バスの不思議《ふしぎ》と謎《なぞ》

2016年5月11日　初版第1刷発行

編　者……………（株）風来堂
発行者……………岩野裕一
発行所……………実業之日本社
〒104-8233　東京都中央区京橋3-7-5　京橋スクエア
電話（編集）03-3535-5411
（販売）03-3535-4441
http://www.j-n.co.jp/
印刷所……………大日本印刷株式会社
製本所……………株式会社ブックアート


ISBN978-4-408-00887-5（学芸）